LA GUÍA DEL EMPRENDEDOR

Hernán Herrera y Daniel Brown

La guía
del emprendedor

Combinaciones transgresoras
para crear un negocio único

EMPRESA ACTIVA

Argentina - Chile - Colombia - España
Estados Unidos - México - Uruguay - Venezuela

© 2006 *by* Hernán Herrera y Daniel Brown
© 2006 *by* Ediciones Urano, S. A.
    Aribau, 142, pral. – 08036 Barcelona
    www.empresaactiva.com
    www.edicionesurano.com

ISBN: 84-96627-05-5
Depósito legal: B-37.321-2006

Fotocomposición: Ediciones Urano, S. A.
Impreso por Romanyà Valls, S. A. – Verdaguer, 1
    08786 Capellades (Barcelona)

Impreso en España - *Printed in Spain*

Índice

Prólogo

Por

JUAN BRAVO CARRASCO
Doctor por la Universidad de Lleida, España.
Director de Evolución, Centro de Estudios Avanzados.
Autor de importantes libros empresariales,
entre los que destacan *Reingeniería de negocios*
y *Planificación sistémica*.

Con el tiempo, he tenido el privilegio de conocer a muchos emprendedores y siempre me llama la atención la fe con que enfrentan sus iniciativas y su propia vida. No es fácil ser emprendedor. Se requiere mucha fortaleza, perseverancia, paciencia, optimismo y otras virtudes. Es más, deberíamos advertir que además de ser un camino lleno de oportunidades, también hay que tener el espíritu dispuesto para la adversidad, de otra forma es preferible no iniciar esta ruta. En el caso de Hernán Herrera y Daniel Brown, los autores de esta obra, a estas virtudes debemos agregar la coherencia, porque ellos mismos son emprendedores en la capacitación, innovando a través de la tecnología en su sitio Emprenden y dándole un sentido profundamente humanista a su quehacer.

La fe es la «competencia» básica, Erich Fromm *(El arte de amar)* lo dice con mayor precisión y belleza: «Tener fe requiere coraje, la capacidad de correr un riesgo, la disposición

11

a aceptar incluso el dolor y la desilusión. Quien insiste en la seguridad y la tranquilidad como condiciones primarias de la vida no puede tener fe; quien se encierra en un sistema de defensa, donde la distancia y la posesión constituyen los medios que dan seguridad, se convierte en un prisionero». De una u otra forma Hernán y Daniel nos invitan a recorrer este camino en su libro.

Tener fe significa también creer para ver, primero crear una visión, un sueño reiterativo que poco a poco se irá materializando. Transformar esto en un método, bien explicado en el texto, es uno de los grandes logros de estos emprendedores que son Hernán y Daniel. Un método que enfatiza un profundo sentido sistémico de la vida, unir una cosa con otra, generar una idea diferente, transgredir el statu quo, cambiar las reglas del juego, romper paradigmas obsoletos. Bien, porque así es la vida, dinámica, donde nada está detenido y cada segundo la naturaleza crea nuevas y variadas combinaciones.

La fe hay que mantenerla en el tiempo, de otra manera corremos el riesgo de desilusionarnos. Las palabras de los autores vienen nuevamente en nuestro auxilio, porque basta con releer algunos de los múltiples casos que exponen para volver a la lucha, con energía, pasión y optimismo.

Sólo añadir que no necesariamente un emprendedor debe ser empresario, la fe y la resolución también son necesarias en universidades, gobiernos, colegios, Iglesias, instituciones de ayuda a la comunidad y cualquier otro tipo de organización. Es más, todo profesional debe ser un emprendedor, por su condición de profesional, tenga o no un título. Porque además del comportamiento ético, se espera que un profesional sea creativo y emprenda proyectos de diversa índole.

Quiero dar las gracias a los autores por varios motivos: por su consideración al solicitarme escribir algunas líneas, por la posibilidad de disponer del texto y de su página web, por los cursos gratuitos que ofrecen y sobre todo, como ciudadano, por la enorme riqueza que ayudan a crear al promover el emprendimiento. Ya lo decía Peter Drucker: «Las organizaciones son la principal causa que explica la creación de riqueza», y éstas a su vez han sido creadas por emprendedores.

Muchas gracias.

A

Crear y hacer crecer
su propia empresa

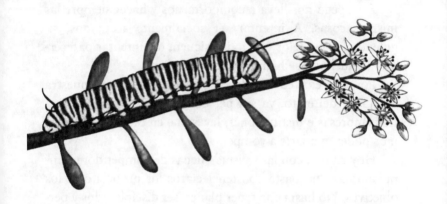

*Los límites que tienen las personas,
las empresas y organizaciones para alcanzar
el éxito están determinados por su apego
a reproducir moldes.*

Los estereotipos de comportamiento, de administración de recursos, de relaciones con otros están presentes en todos los ámbitos de nuestra sociedad.

Reproducimos la forma de otros de trabajar, de ejercer una carrera, de hacer negocios, de gestionar nuestras empresas. Utilizamos toda nuestra pasión y nuestro talento en hacer la mejor réplica del mejor molde que hayamos encontrado, buscando resultados que, por lo general, nunca llegamos a obtener.

Ese apego nos lleva a comportarnos y hacer siempre las mismas cosas. A intentar ser socialmente aceptados, siguiendo los modelos que todos siguen, o a intentar parecernos a aquellos que han logrado sobresalir.

Por ello existen tres leyes que nos limitan en nuestra búsqueda del éxito, ya sea personal o con relación a nuestras empresas e instituciones, leyes que en este libro esperamos poder ayudarle a romper.

Hoy en día, con las «pistas» llenas de competidores empujándonos, no basta con tener claros los propósitos y los objetivos. No basta con tener planes, ser disciplinados y persistentes...

¡La «excelencia» no basta!

Todo ello es necesario, pero no sirve de nada si no tenemos RESULTADOS.

Los caminos conocidos nos llevan sólo a destinos conocidos, aun cuando nunca hay seguridad de llegar a ese destino.

Para obtener resultados debemos aventurarnos por caminos nuevos, tomar atajos y transgredir los modelos.

Buscar lo nuevo, no conformarse con lo común, siempre es una aventura que requiere una cuota de valentía, pero ¿qué otra cosa debe ser nuestra vida, sino la mejor y más emocionante de las aventuras?

¡DEBEMOS ROMPER NUESTROS LÍMITES!

Ley del límite personal:
**Si hago lo que siempre he hecho,
nunca llegaré más allá de donde siempre he llegado.**

Ley del límite social:
**Si hago lo que todos hacen,
nunca llegaré más allá de donde todos llegan.**

Ley del límite superior:
**Incluso, si hago lo mismo que el líder hace,
nunca llegaré más allá de donde él ha llegado.**

Método EDI de las Combinaciones Transgresoras

La creatividad siempre está más asociada a las artes; existe la creencia popular de que deriva de una catarsis emocional o un dictado divino.

Sin embargo, la creatividad está presente en todas las áreas del quehacer humano y no sólo está asociada con la inspiración. Es fruto del método en un 90 por ciento, y el método no es otra cosa que una forma de proceder, una conducta mental que siempre tiene un fin, por más concreto o abstracto que éste sea.

Todo método de creación parte de principios generales, simples, que el artista utiliza para finalmente llegar a formas de proceder particulares.

Los autores de este libro somos artistas antes que empresarios, y ello nos llevó a transferir algunos de los principios de la creación artística al mundo del emprendimiento.

A esta forma de proceder, general y sencilla para la creación de emprendimientos, la hemos llamado Método EDI de las Combinaciones Transgresoras.

EDI es la sigla de Entrepreneurship Development Institute (Instituto para el Desarrollo Emprendedor), institución de investigación, capacitación y difusión del emprendimiento, que fundamos hace algunos años y donde nació y tomó forma este método.

Muchos de los casos incluidos en este libro son el producto de la aplicación del Método EDI por parte de nuestros alumnos, a quienes agradecemos que hayan compartido con nosotros los resultados de sus experiencias.

El Método EDI de las Combinaciones Transgresoras está pensado para los emprendedores, para aquellas personas positivamente inconformistas que desean forjarse un futuro mejor desarrollando sus talentos y capacidades.

Este método tiene como objetivo generar **rendimientos excepcionales**, resultados por encima de los promedios, creando un enfoque, un nuevo modelo de producto, un servicio o una nueva forma de ejercer una carrera mediante lo que hemos llamado **combinaciones transgresoras**.

En el transcurso de este libro trabajaremos los dos puntos que son esenciales para un emprendedor: **la creación del enfoque y la comercialización de ese enfoque**. Ambos aspectos son los que convierten un producto o un servicio en algo distinto, reconocido y valorado por un grupo de personas clave, algo realmente único.

B

Emprender es crecer

El mundo de hoy ofrece limitadas alternativas de empleo. Esto hace que el desarrollo del espíritu emprendedor sea más necesario para la generación de autoempleo y creación de empresas.

Una nación debe ser capaz de generar un flujo importante de oportunidades para que su gente asuma una actitud emprendedora. Los emprendedores son el motor esencial en el crecimiento de las naciones.

Existe un sinnúmero de factores para el éxito de estas personas, que no necesariamente deben poseer un sólido respaldo financiero para emprender sus acciones. Al contrario, un emprendedor adecuadamente motivado y entrenado posee sus propias herramientas, las que le son necesarias para alcanzar el éxito.

Estabilidad y seguridad, sólo un buen recuerdo

El antiguo sueño de un empleo estable y de una carrera dentro de una sola empresa está desapareciendo con rapidez. Los cambios sociales, culturales y tecnológicos están destruyendo miles de empleos, pero también están creando cientos de nuevas fuentes de trabajo.

Las empresas se fusionan, el estado se empequeñece. Los grandes generadores de empleo se están haciendo cada vez más eficientes, y esto significa hacer mucho más con menos.

Menos recursos financieros, menos recursos humanos y menos infraestructura para producir más, mucho más rápido y a menor costo.

El impacto que esto produce en la sociedad se ve reflejado en las altas tasas de desempleo, las cuales no bajan, a pesar de los esfuerzos de las autoridades de todos los países.

Todo indica que este proceso no se detendrá; por el contrario, seguirá profundizándose y afectando a todos los ámbitos de la economía. En el futuro cercano, no existirán instituciones en las cuales refugiarnos y esperar que solucionen nuestros problemas o que se preocupen de nuestro desarrollo profesional o personal.

Cada vez más, tendremos la libertad y la obligación de procurarnos nosotros mismos las oportunidades para nuestro bienestar y el de nuestras familias.

Por ello, hoy en día es necesario desarrollar la capacidad de crear nuestras propias fuentes de empleo. En esta sociedad actual, es más fácil crear y hacer crecer un negocio propio que conseguir un empleo estable y gratificante.

Crecimiento personal y cultura emprendedora

Los sectores público y privado coinciden en que la única forma de crear nuevas fuentes de empleo y lograr la prosperidad de las naciones es mediante el desarrollo de cientos de nuevas empresas.

Pero generar una cultura emprendedora no sólo significa establecer las condiciones económicas para crear más empresas. Es necesario entender cuáles son las claves que pueden contribuir al éxito de las personas. Es cierto que más empresas significa más empleo, sin embargo no tan sólo necesitamos más empresas. Necesitamos más empresas exitosas, innovadoras y creativas, detrás de las cuales haya personas motivadas, emprendedores que busquen cumplir sus objetivos de vida a través de una iniciativa empresarial.

Es un error pensar que mejorando el acceso al crédito o entregando herramientas de gestión de negocios se crearán empresas más competitivas. Esos aspectos, aunque son muy necesarios, no son las claves para potenciar un movimiento emprendedor.

Las verdaderas claves están en desarrollar aspectos psicológicos de las personas como la disciplina, la perseverancia, la creatividad y la empatía, por nombrar sólo algunos.

En su libro *Funky Business*, los célebres economistas suecos Ridderstrale y Nordström señalan: «Si todo está en proceso de cambio, el único elemento estable es la persona. A lo máximo que usted puede aspirar es a tener una imagen concreta de sí mismo [...] Tiene que conocerse bien y saber cuáles son sus objetivos. Es la gestión por objetivos aplicada a las personas. Definirse es la única forma de conseguir una vida grata».

Las personas no sólo deben ser alentadas a construir sus propias empresas. Es preciso mostrarles también cuáles son realmente las competencias, aptitudes y actitudes que deben potenciar para tener éxito. En este sentido, toda la información de que disponemos demuestra que el buen desarrollo de una empresa está relacionado con factores emocionales y psicológicos de los creadores y líderes de esas empresas.

De este modo, podemos concluir correctamente que el éxito de un emprendedor está relacionado de forma muy estrecha con su crecimiento personal.

La mayor disposición para enfrentar los cambios y adaptarse a ellos, la mejor capacidad de crear relaciones interpersonales, la estabilidad interior, la actitud frente al miedo, la tolerancia a la frustración, la aceptación del fracaso como ensayo de posteriores éxitos son parte de un conjunto de habilidades psicológicas que pueden y deben ser entrenadas por quienes asumen el desafío de emprender.

Por esta razón, un emprendedor debe entender que su empresa o negocio es un instrumento al servicio de un propósito mayor: el de la prosperidad, el bienestar y la felicidad propia, de su familia y de su comunidad.

Así, un plan de negocio exitoso es aquel que se formula en coherencia con un plan mayor: el plan de vida. Un plan que recoge nuestros propósitos, nuestros anhelos y motivaciones más profundas.

En este manual hemos condensado las experiencias propias y de cientos de personas de quienes hemos aprendido. Es una guía para quienes desean crear y hacer crecer sus propias empresas, pero también es una invitación a desarrollar el capital más valioso del que disponemos: nosotros mismos.

C

Más allá de donde todos han llegado

*Para emprender es preciso tener disciplina,
ser perseverante, buscar la excelencia...,
pero para tener éxito necesitamos
mucho más que eso.*

Hablamos de diseñar nuestras carreras, nuestras empresas y hasta de diseñar un plan para nuestras propias vidas, sin entender muchas veces el verdadero significado de la palabra *diseño*.

Lo que en verdad hacemos, la mayoría de las veces, es copiar moldes. Tratar de hacer la mejor réplica posible de aquellos modelos que admiramos o que culturalmente nos son atractivos. De este modo, nos fijamos algunos objetivos e intentamos trazar un plan más o menos coherente de acuerdo con las pautas sociales que hemos aprendido.

Sin embargo, el verdadero significado de la palabra *diseñar* es «idear», proyectar algo que aún no existe, pero que se puede llegar a concretar. Eso significa tomar distintos elementos para crear algo nuevo, algo que nos ayude a lograr nuestros objetivos superiores.

El verdadero significado de la palabra *diseñar* es «idear», proyectar algo que aún no existe, pero que se puede llegar a concretar.

Reconocemos un buen diseño en cuanto lo vemos. Es algo realmente innovador, que ha sido concebido para cumplir una función, para facilitar algo, para prestar un servicio... Un buen diseño logra su objetivo de manera sorprendente.

En este sentido, el Método EDI no busca provocar mejoras, busca producir cambios radicales. Busca obtener rendimientos excepcionales, de difícil comparación con promedios. Esto sólo se logra experimentando con caminos inexplorados, combinando de manera transgresora elementos que comúnmente no tendrían relación.

¿Por qué nos resistimos a nuestro propio éxito?

Dentro de las cosas que hemos aprendido en nuestra educación existen muchos conceptos que, a pesar de no ser explícitos, nos imponen una serie de normas que debemos observar si queremos obtener aquellas cosas que anhelamos.

Uno de esos conceptos es el sacrificio, según el cual, para conseguir lo que nos dará felicidad, debemos hacer enormes esfuerzos.

**Necesitamos tener disciplina
para aprender y experimentar.
Debemos ser perseverantes para intentar
una y otra vez nuevas fórmulas,
nuevas creaciones hasta lograr
aquello que buscamos.**

Esta idea también supone que mientras más grandes sean nuestros anhelos, más grandes serán los sacrificios que debemos hacer y mayor será el tiempo que deberemos esperar para obtener los resultados que deseamos.

De ahí también que nuestra sociedad nos muestre la necesidad de cultivar la disciplina y la perseverancia, como virtudes que nos permitirán continuar en la senda que nos hemos trazado, aun cuando no obtengamos los frutos que esperamos.

Por esta razón, miramos con desconfianza a quienes han obtenido éxitos rápidos, resultados en corto plazo y rendimientos asombrosos. El éxito a corto plazo nos hace suponer la ausencia de sacrificio, lo cual significa conseguir las cosas mediante artimañas o prácticas poco transparentes.

Al hablar de éxito, nos referimos a obtener los frutos que deseamos con nuestro trabajo, pues éxito supone cumplir un objetivo, sea cual sea. Ese objetivo puede ser batir un récord, crear y vender un producto, rentabilizar un negocio, obtener un reconocimiento, aprender alguna disciplina, etc.

Pero más allá de las creencias, de los prejuicios o estigmas sociales, lo cierto es que hay cientos, tal vez miles de personas que obtienen resultados asombrosos en poco tiempo. Resultados que los demás tardan décadas en conseguir o, quizá, nunca llegan a vislumbrar siquiera.

Sucede en todos los ámbitos humanos: en las ciencias, en los deportes, en las artes, en la educación, en los negocios, etc., y eso nos demuestra que, a pesar de lo que la mayoría piense, el éxito a corto plazo existe.

Con esto, en ningún caso pretendemos desestimar el valor de virtudes tan importantes como la disciplina, la perseverancia y el trabajo. Por el contrario, creemos que no existe éxito sin trabajo, sin disciplina y sin perseverancia. Pero estos elementos deben estar al servicio de la creación, no de la simple réplica.

Necesitamos tener disciplina para aprender y experimentar. Debemos ser perseverantes para intentar una y otra vez nuevas fórmulas, nuevas creaciones hasta lograr aquello que buscamos. Pero no sirve de nada la disciplina si se transforma en tormento. No sirve de nada la perseverancia si se reduce a obstinación. ¿De qué sirve insistir tercamente en un camino que no conduce a ninguna parte y esforzarnos en algo que no nos reporta fruto alguno?

¿Es posible lograr lo imposible?
Pregúntele a David

El éxito a corto plazo es posible, porque decir de algo que es «imposible» es sólo una opinión, no un hecho.

Aun cuando nos pueda parecer lejana, la historia de David y Goliat nos demuestra cómo y por qué se produce lo que hemos llamado rendimientos excepcionales, resultados inesperados, éxitos que la mayoría de las personas consideraba imposibles de lograr.

David no derrotó a Goliat gracias a la disciplina y a la perseverancia, aunque éstas sí influyeron en su victoria.

Podemos esperar resultados
extraordinarios solamente cuando
nos alejamos **de lo ordinario.**

El pequeño David logró algo que nadie pensó que era posible, porque luchó con armas y reglas de combate absoluta y radicalmente distintas a las que esperaba y estaba acostumbrado el gigante.

Esta historia debería estar poderosamente grabada en nuestras mentes, deberíamos aprender la esencia de ella y usarla en nuestro beneficio.

Si el héroe bíblico hubiese tratado de ser el mejor ejemplo de los guerreros de su nación, si hubiese intentado reproducir tácticas conocidas, usar las mismas armas y enfrentarse al enemigo de la misma forma en que lo hizo el mejor de los soldados, el resultado habría sido el mismo que consiguieron todos los que lo precedieron: la muerte.

Especialmente en nuestros días los ejemplos de rendimientos extraordinarios abundan. Nos preguntamos qué factores se conjugan para que se logren beneficios excepcionales. ¿Podemos, personas normales y corrientes, aspirar a obtener ese tipo de resultados?

Estamos seguros de que es posible que usted pueda aspirar legítimamente a vivir su vida en plenitud, sin postergar o sacrificar aquellas cosas que dan felicidad y sentido a su vida.

El éxito económico es la consecuencia de ofrecer a la sociedad un producto, un servicio, una experiencia que es beneficiosa. Algo que usted ha creado a partir de la mejor materia prima de que dispone: usted mismo.

1

Para ganar hay que romper la uniformidad

Las oportunidades de negocio están en las imperfecciones del mercado, y su mayor imperfección es la obsesión por lo perfecto. La mayor parte de empresas y profesionales invierten sus esfuerzos y recursos en reproducir los mejores modelos, lo cual eleva los estándares, pero no logra impactar a los clientes.

El camino no tomado

Dos caminos se bifurcaban en un bosque,
yo tomé el menos transitado,
y eso creo la diferencia...

ROBERT FROST (poeta, 1874-1963)

Existe competencia cuando el cliente tiene la posibilidad de elegir entre dos o más productos o servicios que son muy similares y que básicamente cubren la misma necesidad.

Competir en el mercado significa luchar por las preferencias de los consumidores. En esta batalla, las empresas y las personas ocupan la mayor parte de sus energías y recursos. Se crean estrategias y tácticas, se ejecutan planes comerciales, rebajas de costos de producción, reingenierías para asegurar la calidad. Todo ello con el fin de lograr alguna ventaja que pueda ser percibida por los clientes.

En este sentido, son absolutamente válidos los esfuerzos de los empresarios y profesionales para buscar, mediante esas ventajas, **diferenciar** sus productos o servicios respecto de otros y, en última instancia, tratar de convertirse en la **única alternativa** posible para el consumidor.

Sin embargo, en la práctica se ha demostrado lo difícil que es producir una gran ventaja y, más aún, que ésta sea percibida y realmente valorada por los clientes. Esto sobre todo es crítico para quienes inician sus empresas o comienzan a ejercer sus carreras profesionales, pues al ingresar en el mercado ya encuentran las pistas llenas de competidores que tienen, cuando menos, la ventaja de la experiencia.

Uno de los problemas más comunes es que en todas partes, en todos los ámbitos, la mayoría de las empresas y de profesionales utilizan básicamente las mismas estrategias, algo que, para un emprendedor creativo, se convierte en una gran oportunidad.

La ventaja del precio más bajo

Se utiliza la ventaja del precio más bajo cuando mediante menores costos un competidor trata de quitar clientes a un líder dominante. El problema es que ese líder dominante siempre tendrá la posibilidad, si es que lo desea, de igualar ese precio más bajo, aunque sea sólo durante un tiempo, el necesario para desbaratar la estrategia del competidor.

Muchas veces, algunas empresas llegan incluso al absurdo de vender sus productos o servicios a precios que están por debajo de sus costos para intentar atraer al mercado.

La ventaja del precio más bajo también tiene el problema de que siempre, en algún momento, habrá otro competidor que esté dispuesto a cobrar menos.

Si no puede ofrecer productos o servicios con precios radicalmente menores, de forma permanente y con una calidad similar al promedio de su industria, su empresa no tendrá ninguna alternativa frente a competidores más grandes. Si su estrategia de diferenciación sólo está basada en cobrar menos, siempre correrá el riesgo de que uno o muchos competidores fuertes hagan lo mismo.

Una ventaja como ésta puede ser sólida cuando una empresa es rentable aunque mantenga **siempre** sus precios radicalmente más bajos.

Si una empresa logra esta hazaña es porque ha creado o descubierto algo que el resto de los competidores desconoce absolutamente. Lo más probable es que ello tenga que ver con la incorporación de un avance tecnológico, con algún descubrimiento o con algo que afecta radicalmente a sus procesos y su gestión.

Muchas veces, algunas empresas llegan al absurdo de vender sus productos o servicios a precios que están por debajo de sus costos para intentar atraer al mercado.

Pero aun así, en la mayoría de los casos, esta ventaja es temporal. En una economía cada vez más abierta, los avances y los conocimientos que hacen posible este tipo de ventajas están a disposición de todo aquel que los quiera aprovechar.

Las eficiencias radicales no se logran siguiendo patrones promedio, sólo son posibles gracias a la creatividad para incorporar y combinar elementos que rompen los paradigmas tradicionales.

La ventaja de la calidad

Piense y diga rápidamente: ¿Cuál de estas dos bebidas gaseosas tiene más calidad, Coca-Cola o Pepsi? ¿Qué marca fabrica los automóviles con mayores estándares de calidad? ¿Ford o General Motors? Veamos por qué es tan difícil contestar estas preguntas.

Hoy en día, los consumidores parten de la base de que casi todos los productos y servicios son de calidad. Antiguamente existían prejuicios, muchas veces bien fundados, respecto a la calidad de ciertos productos en relación con su procedencia. Así, por ejemplo, hace algunos años, los productos de origen coreano eran mirados con cierto recelo por gran parte del mercado. Sin embargo, en la actualidad un televisor, un automóvil o cualquier producto electrónico que provenga de Corea ya no se miran con desconfianza. Por el contrario, esos productos han demostrado ser durables y exhiben excelentes estándares de calidad.

La calidad básica está prácticamente asegurada en muchos ámbitos, tanto por los Estados como por los mismos protagonistas del mercado. Por una parte, casi todos los países cuentan con leyes que protegen al consumidor y obligan a los productores a tener normas básicas de calidad y, por otra, el mundo empresarial busca crear ventajas valiéndose precisamente de la calidad.

El paradigma de la calidad hace que las empresas y los profesionales se esfuercen cada día en mejorar lo que producen y ofrecen al mercado. Intensos planes de cero defecto, mejora continua y apego a normas internacionales intentan crear diferencias notables que sean percibidas por el consumidor.

Esta carrera por la calidad, desde el punto de vista del consumidor, es excelente, pues asegura que el competidor que quiera ingresar en el mercado tenga un pase de entrada bastante caro: entregar la mayor calidad a un precio, al menos, razonable.

Pero, como hemos dicho, la calidad es sólo el pase de entrada, no es la clave del éxito en un mercado muy competitivo. De ahí que se presente el problema de siempre: todas las empresas y todos los profesionales están haciendo lo mismo, tratando de realizar mejoras en algo que ya existe.

Si tomamos como supuesto que la mayor parte de los productos y servicios tienen un mínimo común de calidad, las diferencias radicales tampoco se producen en este plano. Lo único que puede aumentar la brecha de diferenciación en cuanto a la calidad es su relación con el precio. Pero, ¡atención!, aquí también estamos hablando de aumentar la brecha, no de producir una diferencia radical, pues, como ya hemos visto, todas las empresas están tratando de producir y vender productos y servicios de la mayor calidad al menor precio. Por lo tanto, si todos hacen lo mismo, ¿dónde pueden estar las grandes ventajas?

El factor humano.
¿Qué es realmente la calidad?

Diferenciarse por el precio puede ser una estrategia difícil, frágil, pero al menos es objetiva: usted compara el precio de un mismo producto en dos tiendas distintas y tendrá una diferencia absolutamente medible. Pero si compara dos productos que son similares —cubren la misma necesidad— y tienen el mismo precio, se encontrará con un problema. Puede que ambos cuesten lo mismo, pero ¿cuál elegirá? Seguramente, el de más calidad. Y aquí es cuando surge una cuestión clave: ¿qué entiende usted por calidad?, ¿qué entiendo yo por calidad?, ¿qué entiende el resto de las personas por calidad?

Para algunas instituciones, la calidad es algo medible. Es así como se han creado normas de calidad generalmente aceptadas, que son estándares respecto a producción, gestión, comercialización, atención al cliente, etc. En este sentido, todo lo que pueda ser medido será contabilizado: tiempos de respuesta, emisiones nocivas para el medio ambiente, horas hombre, tasa de defectos o de reclamaciones, vida útil, etc. A través de procesos de certificación de calidad, las empresas buscan un documento que acredite el cumplimiento y superación de esos estándares, lo cual es absolutamente necesario, puesto que si todos los competidores quieren obtener ese diploma de calidad, ninguna empresa puede dar ventajas al resto y quedarse sin ese testimonio, pues eso significaría una desventaja.

Para algunas instituciones, la calidad es algo medible. Es así como se han creado normas de calidad generalmente aceptadas, que son estándares respecto a producción, gestión, comercialización, atención al cliente, etc.

Sin embargo, esto no define lo que los clientes entienden por calidad. Volvemos a la pregunta inicial: ¿qué marca fabrica la bebida de más calidad, Coca-Cola o Pepsi? Seguramente la respuesta variará dependiendo del país o la ciudad donde usted viva. Por ejemplo, si vive en Santiago de Chile, lo más probable es que responda que Coca-Cola es de mejor calidad, pero si vive en Caracas las probabilidades se inclinan hacia Pepsi.

Este simple ejemplo lo puede aplicar a cientos de productos o servicios, y los resultados serán más o menos los mismos en casi todos los casos. El único argumento que puede sustentar la idea de que un producto es de mejor calidad que otro es la percepción del cliente.

Cuando el mercado percibe que un producto es de mala calidad, es porque sus carencias son demasiado evidentes y se crea lo que podríamos llamar un consenso entre los clientes respecto a este hecho. Extrañamente, cuesta menos detectar los fallos o la falta de calidad en un producto que los factores que lo hacen excelente. Ello ocurre porque ya estamos habituados a cierto nivel de servicio y a una baja tasa de defectos, y nos hemos acostumbrado a recibir cada vez más por nuestro dinero.

Lo que podemos asegurar es que los consumidores siempre elegirán el producto o servicio de mayor calidad, pero de acuerdo con lo que ellos entiendan y perciban como calidad.

Sin ir más lejos, en la ciudad de Concepción (Chile), nos tocó ser parte de un caso que puede ejemplificar este asunto de la calidad.

En la zona de restaurantes del centro comercial más importante de la ciudad, un pequeño local vende hamburguesas justo frente a un McDonald's. Nos impresionó el gran número de personas que intentaban comprar una hamburguesa Rich. De hecho, la cantidad de clientes que había en ese pequeño restaurante era superior a la del gigante internacional.

Hicimos un pequeño estudio preguntando a los clientes por qué elegían las hamburguesas Rich. Pensábamos que la respuesta mayoritaria estaría relacionada con el sabor. Sin embargo, muchas personas dijeron que la calidad era superior.

Los estándares de calidad de McDonald's son realmente altos y tiene el reconocimiento mundial respecto de esta cuestión. Por ello, queda claro que la respuesta de los encuestados se refería a lo que ellos percibían como calidad, atribuyendo determinadas virtudes al producto de su preferencia como forma de argumentar su decisión de compra.

Al hablar de percepción inmediatamente entramos en el plano de las subjetividades, las cuales están determinadas por cientos, por miles de factores que influyen en los aspectos psicológicos y sociológicos de los consumidores. Si tratamos de integrar este elemento con la idea de calidad, resulta evidente que es imposible llegar a un parámetro objetivo de lo que se entiende por este concepto.

> **Cuando el mercado percibe que un producto
> es de mala calidad, es porque sus carencias
> son demasiado evidentes y se crea lo que podríamos
> llamar un consenso entre los clientes respecto
> a este hecho.**

En el confuso terreno de las percepciones humanas, resulta relativamente sencillo para cualquiera enarbolar la bandera de la calidad. De hecho, conocemos muy pocas empresas que no hayan caído en la tentación de usar el argumento de la calidad como ventaja competitiva.

Aun cuando existen miles de excelentes productos y servicios cuya alta calidad, en muchos casos, podría medirse en términos científicos, al existir el componente subjetivo del consumidor, todos pueden decir que tienen la mejor calidad.

Esta situación hace que quienes buscan diferenciarse valiéndose sólo de este argumento se enfrenten al enorme «ruido» que existe en el mercado, lo cual disminuye la fuerza de la ventaja y en definitiva logren muy bajos resultados por esta vía.

Más de lo mismo

Alta calidad al mejor precio ciertamente es un gran beneficio para el consumidor. Sin embargo, ello no otorga una verdadera ventaja a nuestros productos, puesto que son muchas las empresas que intentan seducir al mercado con este argumento. Estos factores son importantes, necesarios para competir, pero no aseguran que lo que ofrecemos se destaque y logre llamar poderosamente la atención de nuestros potenciales clientes.

Conscientes de este problema, los empresarios se esfuerzan por invertir en publicidad, en personal de ventas, en promociones y en cientos de recursos que les permitan contactar con sus potenciales clientes y comunicar las bondades de sus productos. Sin embargo, nuevamente estamos frente al mismo problema: la uniformidad.

La uniformidad está por todas partes. La búsqueda de la perfección y la obsesión por hacer la mejor réplica de los moldes hacen que los productos y servicios que encontramos sean cada vez más parecidos y sus ventajas cada vez más difíciles de percibir. También encontramos uniformidad en las formas de abordar a los clientes, en llamar su atención y tratar de ganar su confianza.

Basta con mirar la prensa para ver la uniformidad de lo que ofrecen las empresas. Los mismos anuncios, precios similares, promociones parecidas, características de los productos con baja diferenciación. Llega a tal punto la uniformidad que uno puede predecir el comportamiento de los anunciantes. Las universidades e instituciones de educación superior llenan las páginas de los periódicos cuando se aproxima el período de matriculación; los automóviles, en los días previos a la salida de los modelos del año; las tiendas, en Navidad, día del padre, día de la madre, etc.

No importa el tamaño de la empresa, no importa el tipo de producto o servicio que se trate de vender, la gran mayoría está usando las mismas fórmulas, apelando a los mismos conceptos para ganar un espacio en el mercado. En este tipo de competencia, por lo general gana el más fuerte, pues es una lucha de fuerza bruta. Ganan quienes poseen más recursos y tienen la mejor infraestructura, la mejor maquinaria y las mejores instalaciones. Ganan quienes pueden estar en más puntos geográficos, los que realicen las campañas publicitarias y de promoción más grandes.

En un mundo cada día más confuso, es demasiado fácil perderse. Puede parecer que la única forma de disminuir ese riesgo es seguir a la manada. Eso hace que nos centremos en todo lo que hacen los demás. Vemos cómo se comportan, qué hacen para subsistir, tratamos de realizar algunas mejoras y luego pretendemos llegar más lejos que ellos.

La única forma de aspirar a tener un espacio rentable en el mercado es, precisamente, alejándose de la manada. Crear diferencias radicales respecto a ella...

Hoy la palabra clave para competir no es mejor, es DISTINTO

Distinto significa una oveja negra, verde o rosa dentro de un rebaño de hermosas ovejas blancas. Ser realmente distinto evita comparaciones, facilita el reconocimiento y reduce la necesidad de recursos para impactar al mercado.

Pero ser distinto tiene sus riesgos y usted, como empresario, debe asumirlos. Cuando somos diferentes al promedio de la manada, siempre habrá personas que se enamoren de nuestra propuesta, otros a quienes les resulte indiferente y, en el otro extremo, otros que odien lo que ofrecemos. En este sentido, debemos tener claro que es mejor ser algo para alguien que nada para todos.

Necesitamos sobresalir positivamente, pues los mayores esfuerzos de una empresa se concentran en llegar al cliente, lograr que el consumidor se interese al menos durante un par de minutos en nosotros. El éxito de su empresa, de su institución e incluso de su carrera depende de cuán distinto sea lo que ofrece, cuán original sea su propuesta y cuán singular resulte la experiencia de hacer negocios con usted.

¿Por qué ser distinto genera tantas oportunidades?

A veces, con tanta teoría sobre las empresas y los diversos modelos de empresarios, terminamos por olvidar por qué las personas compran. Centramos nuestra atención en los productos, en los servicios, en la competencia, en miles de detalles racionales, y no nos ocupamos de lo que realmente importa: las personas.

En el mundo empresarial, se está volviendo a valorar y a poner en el centro del escenario a las personas, pero no como simples consumidores con una serie de necesidades por satisfacer, sino como individuos con motivaciones, valores, sueños y emociones. Justamente, este último aspecto, las emociones, está cobrando cada vez más valor. Las personas actúan primero movidas por sus emociones; la razón se presenta después. No importa si estamos hablando de vender sistemas informáticos, maquinaria para la minería o productos para mascotas. Usted siempre tratará con personas y sus decisiones, por muy racionales que parezcan, siempre llevarán una cuota importante de emocionalidad.

Aunque parezca alejado del mundo empresarial, debemos acercarnos lo más posible a la psicología y entender qué es lo que realmente mueve a las personas y qué factores influyen en sus decisiones.

En relación con la cuestión de «ser distinto», podríamos hacer una pequeña reflexión sobre cómo las personas se enamoran. ¿Descabellado nuevamente? Más bien transgresor y, desde luego, efectivo, lo cual es el objetivo de este libro. Veamos. Sabemos que cada uno de nosotros somos únicos en algún sentido. Si bien parecemos relativamente uniformes en muchos aspectos, poseemos características particulares, ya sean físicas, emocionales o intelectuales, que determinan nuestra individualidad. Por nuestra misma naturaleza humana, también poseemos cientos de imperfecciones, defectos o limitaciones, que también son elementos que forman parte de nuestra forma de ser.

Nuestra personalidad es una mezcla de cientos de factores positivos y negativos. Esa combinación es la que nos hace únicos y siempre hay, aunque no nos demos cuenta de ello, personas para las cuales esa mezcla es irresistible (o al menos atractiva).

> **Aunque parezca alejado del mundo empresarial, debemos acercarnos lo más posible a la psicología y entender qué es lo que realmente mueve a las personas.**

Una persona se enamora cuando es capaz de concentrar su atención en aquellos aspectos que le resultan atractivos, agradables y emocionantes de otra persona. Esa focalización hace que esas características sean, al menos para ella, mucho más poderosas que las imperfecciones. No hay nada más subjetivo que el amor. Cuando lo encontramos, vemos belleza aun cuando el resto del mundo no la vea. Suele suceder.

Veamos lo que ocurre si esa experiencia la llevamos al mundo de los negocios. Hemos visto, y estamos seguros de que usted también, personas enamoradas de su automóvil, de su ordenador, de su casa e incluso de su banco (aunque usted no lo crea). ¿Por qué sucede esto? Le aseguro que no son solamente aspectos racionales. Las emociones de las personas se disparan cuando encuentran productos o servicios distintos, casi hechos para ellos. Productos que representan su estilo de vida, sus principios, valores y pasiones. Combinaciones de elementos que van de acuerdo con su individualidad.

Al igual que sucede en las relaciones personales, las relaciones de negocios están influidas por subjetividades creadas por las emociones. Para algunas personas, lo distinto, lo nuevo, representará peligro o algo de lo que deben alejarse, pero para otras será seductor, atrayente y motivador.

La creación y comercialización de **productos y servicios únicos** deben constituir el alma de la empresa. Debemos buscar aquellos elementos que son valiosos para las personas, de acuerdo con sus motivaciones, pasiones y valores, y con ellos diseñar nuestros negocios. Las combinaciones transgresoras tienen ese objetivo: tomar, transferir y transformar elementos de valor, conceptos que funcionan en diversos ámbitos, para producir algo sobresaliente, único y atractivo. Esto es un nuevo **enfoque.**

2

Transgredir los moldes

El Método EDI
de las Combinaciones Transgresoras

*Transgredir significa ir un paso
más adelante, alejarse del rebaño.
¿Le seduce esta propuesta?*

El futuro se construirá imitando a la naturaleza.

No existe nada más eficiente,
duradero y económico que sus métodos.

Antoni Gaudí

Las energías disponibles

En sentido figurado o literal siempre hablamos de las fuerzas o energías que nos rodean: las fuerzas físicas, de la naturaleza, de la evolución; en las personas, la fuerza de las costumbres, de las emociones, del miedo, de la ira o el amor, de los instintos, los deseos y las necesidades; en la sociedad, las fuerzas del mercado, de la moda, de la historia.

Lo más notable de la evolución humana es que hemos aprendido a utilizar las energías que nos rodean en nuestro beneficio. Hemos creado millones de mecanismos eficientes para encauzar esas energías y, de esta forma, hacer más fácil una tarea o lograr un objetivo. En ese aprendizaje, la naturaleza ha sido nuestra principal maestra.

Las energías son recursos, y como todo es energía, más allá del plano de la física, debemos conocer cómo se comportan, cuáles son sus propiedades y características. Cuáles pueden servir a nuestros objetivos y en qué contexto.

Uno de los principios básicos de las energías es que pueden oponer resistencia o pueden generar impulso. Eso dependerá sólo de cómo se utilicen esas energías.

Otro principio es el de enfoque. Decimos que hay un enfoque cuando en un punto se concentran varias fuerzas que van en la misma dirección. Al contrario, se produce dispersión o disipación, cuando esas fuerzas son divergentes.

Cuando se genera un enfoque, un trabajo se realiza con menor esfuerzo, pues la convergencia de energías hace más fácil vencer cualquier resistencia. Claramente, el enfoque es más poderoso que la dispersión.

Piense en este sencillo ejemplo: un avión viaja de norte a sur a cierta velocidad gracias a la energía de sus propios motores. Si encuentra vientos que van de sur a norte, **su velocidad se verá reducida** por la resistencia que opone esa fuerza contraria. En cambio, si recibe el viento de cola, el aparato **se verá impulsado** por esa misma fuerza. Ese «viento de cola» hará que la velocidad aumente o que se requiera menos combustible para llegar al destino.

Por ello quienes trabajan en el mundo de la aviación diseñarán un avión que contrarreste o reduzca las resistencias al máximo y crearán rutas que aprovechen los «vientos de cola» y las energías propias del avión. Es decir, buscarán crear un mecanismo que saque el mayor partido de sus propias energías y fuerzas y de las del entorno.

De este ejemplo también podemos deducir que la misma fuerza que sirve para oponerse a algo puede servir para impulsar ese algo. Eso sólo dependerá de si lleva la misma dirección de nuestra meta o una contraria a ella.

Este concepto es clave para entender, como explicaremos más adelante, cómo a través de combinaciones transgresoras es posible que incluso una fuerza resistente se convierta en una fuerza impulsora.

A través del Método EDI proponemos una forma de pensamiento para la innovación, que transfiere y combina los conceptos de fuerzas y energía en distintos planos, especialmente en el ámbito de las personas y su relación con los demás, con el fin de diseñar y crear formas más efectivas de resolver un problema, lograr un objetivo o llevar adelante un emprendimiento en cualquier área del quehacer humano.

Transfiera el significado de energías a otros planos y se dará cuenta fácilmente de que las connotaciones en los distintos ámbitos es casi la misma.

Piense, por ejemplo, qué quiere decir que una persona esté **desenfocada**. Lo más probable es que recuerde a un conocido suyo que dispersa sus energías, que no se concentra en nada, que trata de hacer demasiadas cosas a la vez sin conseguir muchos resultados. O piense en una de esas noticias que aparecen en los diarios: «La demanda del producto X se vio **impulsada** al alza durante este año». De esa frase usted puede deducir que probablemente el producto X no ha cambiado, sino que fuerzas externas pueden haber hecho más favorable su comercialización.

Estas analogías son válidas para comprender las energías con las que convivimos.

Creemos que es importante que un emprendedor del ámbito de los negocios, de la educación, de la cultura o el servicio público tenga herramientas para reconocer, seleccionar y crear mecanismos para aprovechar esas energías de manera eficiente. Eso le ayudará a saber cuándo una fuerza actúa como resistencia, es decir como barrera para sus fines, o, al contrario, qué energías le darán mayor impulso y facilitarán la conclusión de sus proyectos.

Los rendimientos excepcionales

Rendimientos excepcionales son aquellos beneficios o resultados evidentemente superiores a cualquier promedio esperado. Superiores en tiempo, magnitud o en cualquier medida que se aplique. Sin embargo, el Método EDI también tiene en cuenta un factor mucho más importante: los recursos utilizados para generar dichos rendimientos.

En este sentido, una explicación más completa de los rendimientos excepcionales es: beneficios o resultados superiores a cualquier promedio, utilizando los mínimos recursos (tiempo, dinero, personal, materias, etc.)

Podemos decir, entonces, que se han producido rendimientos excepcionales cuando los resultados obtenidos son significativamente superiores al esfuerzo utilizado o a los recursos invertidos para generarlos.

Precisamente por ello, la magnitud de los resultados no depende de la magnitud de los recursos, sino de cómo éstos han sido utilizados.

Cómo se producen

Se producen rendimientos excepcionales por una combinación transgresora de mecanismos eficientes que aprovechan al máximo las energías más poderosas y abundantes. Es transgresora porque, de manera accidental o deliberada, crea relaciones inhabituales, une elementos disímiles y utiliza sus propiedades fuera de su contexto cotidiano, lo que en definitiva rompe un molde tradicional.

Si algo produce rendimientos superiores es porque su diseño está mucho más de acuerdo con la naturaleza de sus componentes y con las energías disponibles en su medio. Así, también podemos decir que mecanismos eficientes combinados con otros mecanismos eficientes crearán una concentración de energías, un enfoque, gracias al cual se producirán rendimientos excepcionales.

Los cuatro pasos para producir rendimientos excepcionales

Visualizar la situación ideal

Es imaginar una solución, un estado superior. El funcionamiento perfecto de algo. La situación ideal es una imagen mental que contiene un estado de cosas que podría ser imposible de conseguir con los medios actuales, pues no está regida por lo que es razonable.

A través de esa visualización el emprendedor puede ser capaz de realizar la llamada «ingeniería inversa» de su situación ideal. Es decir, ver primero el resultado final que quiere conseguir, para luego crear y seleccionar los mejores mecanismos que le lleven a él.

Para ejemplificar esta forma de crear, creemos muy apropiado un caso que relata Malcom Gladwell en su obra *The Tipping Point*:

Una enfermera de San Diego creó una campaña de prevención del cáncer de mama. Necesitaba encontrar un contexto ideal en el que las mujeres, a quienes se dirigía el programa, tuvieran «todo el tiempo del mundo» y se sintieran en disposición de recibir información, por lo tanto encontrar esa situación se convirtió en su incógnita X. Pensó que tal vez ese contexto podía ser la peluquería, donde las mujeres pasaban horas esperando mientras les hacían trencitas o se teñían el pelo. Sin embargo, ese lugar no era precisamente el adecuado para dar charlas, por lo que el formato con el cual se entregarían los contenidos se transformó en su incógnita Y.

La visualización de las situaciones ideales genera una cadena de objetivos, que la persona puede resolver sólo gracias a la combinación de los recursos que ella conoce a través de su experiencia.

Esto nos lleva al segundo paso del método.

Aprender

La experiencia personal desempeña un papel decisivo en todo proceso creativo. La única forma de crear o combinar mecanismos eficientes es tener conocimiento de las fuerzas que operan.

En este punto es necesario conocer y experimentar. Saber si una energía es impulsora o genera oposición. Sus propiedades y características. Tener claras las posibles limitaciones que puedan generar esas fuerzas para poder evitarlas, reducirlas o, mejor aún, aprovecharlas en beneficio de nuestros objetivos.

Transferir

Un mismo mecanismo puede ser eficiente en muchos planos distintos. Así, también, la misma energía que se opone a nuestros objetivos, si sabemos cómo utilizarla, puede impulsarnos. Por ello, para transferir es necesario reconocer que esos mecanismos y fuerzas pueden ser empleados fuera de los ámbitos habituales donde los conocemos. Eso es posible gracias a las relaciones y analogías que permite realizar el proceso de aprender.

En este punto retomamos el caso de la enfermera de San Diego. Ella se dio cuenta en un momento determinado de dos cosas: que la relación que tenían las peluqueras con sus clientas era de gran confianza y que los temas de los que hablaban en esos largos ratos de tratamientos de belleza eran del tipo «cotilleo», y entonces fue capaz de «ver» a las peluqueras como monitoras y el «cotilleo» como un posible formato que facilitaría la asimilación de los contenidos.

La siguiente etapa fue implementar un enfoque en el salón de belleza como centro de información, donde el contenido, el formato y los responsables de transmitirlo fueran absolutamente coherentes entre sí.

Eso nos lleva a explicar el último paso del método.

Transformar

Encontrar el enfoque, el punto exacto donde concentrar las energías e implementar todos los planes de forma coherente con ese enfoque.

Los obstáculos reales del emprendedor

La falta de capital o de recursos no es el único obstáculo, ni menos aún el principal, que encuentra un emprendedor que intenta sacar adelante su proyecto, ya sea en el mundo de los negocios, en las ciencias, en el deporte o en cualquier otro ámbito. De hecho, son miles los proyectos fallidos que contaban con los recursos necesarios, pero que, aun así, quienes los lideraban no fueron capaces de romper las fuerzas que les oponían resistencia.

Un público que no presta atención a su producto, canales de distribución que no quieren vender lo que usted produce, un jefe que se niega a implementar una idea innovadora, un grupo de empleados de su empresa que sólo trabaja por dinero, autoridades que no aprueban sus solicitudes, una comunidad que no entiende la utilidad de su iniciativa. Éstos son sólo algunos ejemplos de las fuerzas que una persona emprendedora debe aprender a vencer si verdaderamente quiere llegar a su situación ideal.

Tratar de vencer una resistencia, tal como ocurre en la física, provoca un desgaste de energía y, como dicen los físicos, la energía es el dinero, la moneda de cambio para cualquier acción en la naturaleza. Mientras mayores sean las resistencias que encuentre, mayor será la pérdida de energía que deberá afrontar. Pero las fuerzas que oponen mayor resistencia a cualquier emprendimiento, aunque no lo crea, provienen de nuestro interior. El miedo, la inercia, la pereza, las creencias, las costumbres, las motivaciones contrapuestas, por nombrar sólo algunas de esas fuerzas internas, pueden convertirse en sus mayores enemigos y hacer que fracase cualquiera de sus proyectos.

Como bien señalaba el maestro Gurdieff, dentro de cada persona existen numerosas fuerzas, muchas veces contrarias, y el trabajo de un emprendedor es conocerlas, unificarlas y enfocarlas hacia lo que él considera su propósito.

Esas fuerzas, cuando son divergentes, como en cualquier mecanismo, debilitan al individuo. Un ejemplo. Muchas veces la mayoría de nosotros, para poder vivir, hemos tenido que dejar de lado las cosas que más amamos y realizar un trabajo sólo por necesidades o motivaciones económicas. Cualquiera que se haya encontrado en esa situación ha experimentado alguna vez el tedio, la desilusión u otros sentimientos negativos, y esto es así porque en esas circunstancias la energía de nuestras motivaciones más profundas, reprimidas tal vez por las más urgentes (como solucionar temas económicos), no mueren ni desaparecen; la naturaleza es sabia, nuevamente aquí operan las leyes de la física: la energía se conserva. En algún momento esa energía reprimida nos pasa factura.

Si usted es empresario, debe diseñar su empresa desde sus cimientos, teniendo en cuenta esos factores. Asimismo, si quiere que sus empleados y colaboradores realmente lleguen a dar lo mejor de sí mismos, sus trabajos de alguna forma deben representar para ellos más que el dinero que ganan. Yendo aún más lejos, su producto o servicio debe representar para sus clientes más que una transacción.

**Dicho de otra forma, su empresa debe reflejar
aquello que verdaderamente usted es o quiere ser y,
de la misma forma, debe reflejar lo que sus colaboradores
y clientes son o quieren llegar a ser.**

Un emprendedor enfocado es una persona poderosa. Es alguien que ha logrado hacer coincidir su desarrollo económico, profesional y personal en un plan, **combinando** sus distintas necesidades y fuerzas internas.

Lo natural es excepcionalmente eficiente. El caso del violinista japonés

Dondequiera que mire hallará a personas y organizaciones que parecen ir «a media máquina», que no logran sus objetivos aun cuando han puesto todas sus energías disponibles. Si busca una razón, se encontrará con que, en cada caso, están presentes los moldes que nos hacen ineficientes. Creencias obsoletas, que tal vez fueron mecanismos eficientes en algún momento del pasado, para algún grupo de personas en determinada situación, pero que ahora ya no lo son.

Lo eficiente es sencillo aunque no lo parezca. En una palabra, es natural, porque aprovecha sin complicaciones las mejores propiedades de los recursos presentes.

En todas las áreas, aun cuando han cambiado radicalmente los escenarios en unos pocos años, siguen coexistiendo, junto con la modernidad, modelos que ya no dan respuesta a nuestras necesidades.

Piense en la educación por ejemplo. «La letra con sangre entra» fue el espíritu de un sistema educativo que, aunque no lo crea, impera hasta hoy en día. Puede parecer que sólo unos pocos educadores iluminados, que no son precisamente los que diseñan los sistemas, han reparado en que el amor es realmente una de las fuerzas más poderosas, incluso más poderosa que la severidad o el rigor. Que a través de la combinación de esta fuerza es posible conseguir rendimientos impresionantemente altos...

¿Es natural tener «encerrados» aproximadamente cinco horas al día a seres tan inquietos como niños de cinco, seis o diez años? ¿Es natural forzar su concentración en temas que no los motivan ni les interesan? Grandes maestros como John Taylor Gatto nos alertan sobre la evidente ineficiencia de este sistema educativo. (Por favor, concédase el tiempo de conocer a este autor y leer algún discurso suyo. Regálese esa experiencia.)

En ese contexto aparece Shinichi Suzuki, un educador y violinista japonés, tan grande como humilde, que aspiraba a que todos los niños, sin importar su condición social o sus talentos, pudieran aprender a tocar un instrumento.

La visualización de Suzuki

Shinichi Suzuki veía su situación ideal como un mundo donde los efectos positivos de la práctica musical estuvieran al alcance de los niños, que su aprendizaje fuera simple y estimulante. Que las ganas de aprender fueran mucho más poderosas que el esfuerzo de enseñar. Sin embargo, se daba cuenta de que los métodos tradicionales de enseñanza chocaban una y otra vez con la fuerza de resistencias como la falta de interés, la baja atención y las costumbres de los pequeños, que por experiencia sabía que estaban presentes en todas las asignaturas que se intentaba enseñar a los alumnos.

Suzuki se hizo una pregunta tan sencilla que podría haberle valido un Nobel: ¿por qué incluso los niños que podrían ser considerados «poco inteligentes» eran capaces de aprender a hablar su lengua materna?

Aprender los mecanismos eficientes

Esta pregunta desencadenó en él una serie de relaciones de conceptos y le condujo a una analogía en particular que tal vez nadie había hecho: ver la lengua materna como un sistema pedagógico.

Si quería llegar a su situación ideal, necesitaba crear un sistema pedagógico mejor que todos los que estaban en práctica. Necesitaba transgredir los moldes y salir de lo habitual... Mirar en la naturaleza humana era justamente salir de lo habitual. Ahí estaba uno de los mecanismos de aprendizaje más eficientes que conocemos. Un mecanismo incorporado en cada uno de nosotros desde que nacemos, que demuestra una altísima probabilidad de éxito no importa lo simple o complejo que sea el idioma de nuestro entorno.

Las investigaciones de Suzuki son una verdadera «ingeniería inversa». «Todos los niños aprenden a hablar su idioma materno», ése es el resultado excepcionalmente exitoso de este «sistema educativo». Desde ese punto Suzuki partió en busca de los mecanismos y las fuerzas que lo hacen posible de forma simple y natural.

Las transferencias y combinaciones transgresoras

En ese proceso Shinichi Suzuki descubrió los factores más relevantes y los seleccionó para luego combinarlos en el contexto de su trabajo, la música.

Se dio cuenta de que en el proceso, los niños ponen más «esfuerzo» en aprender que los padres en enseñar. Descubrió los mecanismos de repetición, los períodos de atención, la forma en que los pequeños van integrando sílabas y palabras. Observó que las motivaciones más importantes de los bebés tienen que ver con «fortalecer» la relación con sus seres queridos. Asimismo, notó cómo los padres por lo general elogian generosamente a sus hijos cada vez que aprenden una nueva palabra y que nunca los castigan si dicen algo mal o les regañan por los errores que cometen en el aprendizaje. Además, los padres no se sienten ansiosos ni presionan a sus hijos si los avances no son rápidos, pues tienen una fuerte seguridad en que tarde o temprano hablaran...; es sólo cuestión de tiempo.

Suzuki combinó todas estas piezas con sus conocimientos de música, especialmente del violín.

Transformar

Esa amalgama de observaciones tomó forma en el método Suzuki de enseñanza musical, que en la actualidad se sigue en casi 1.500 centros en todo el mundo.

Suzuki ha obtenido rendimientos excepcionales, y no sólo en la enseñanza del violín. Los centros están creando un verdadero movimiento que va más allá de la música. El enfoque del método echa por tierra el paradigma de los talentos innatos como único factor de éxito en el aprendizaje y práctica de una actividad, y pone énfasis en mecanismos basados en el amor y en el respeto a las **formas naturales** de aprender de las personas. La pregunta es: ¿a qué otros ámbitos es posible transferir este maravilloso sistema?

Aprender supone conocer un efecto y descubrir cómo fue producido, es decir, descubrir a partir del resultado los mecanismos y fuerzas que lo hicieron posible.

En general, un emprendedor que busca debe estar atento a los resultados sorprendentes en cualquier ámbito, a las cosas simples, a los sistemas que funcionan, podríamos decir, «casi sin esfuerzo», de manera natural. Debe descubrirlos aunque, por ser tan eficientes, a menudo se hacen «invisibles», como ocurre en el caso de la lengua materna. Algunas veces los resultados son obviamente sorprendentes, en otras ocasiones estaremos tan acostumbrados a que funcionen bien que pasarán inadvertidos. Detrás de esos resultados existen los mecanismos que queremos aprender, de los que queremos conocer su funcionamiento, para establecer relaciones y hacer analogías que nos permitan luego transferir esos mecanismos y todo lo que sabemos de ellos a nuevos contextos.

Las combinaciones transgresoras se originan precisamente al sacar un mecanismo eficiente de su contexto habitual y darle un uso nuevo en una situación diferente. Transformar significa, en fin, tomar esa mezcla «experimental» y darle una forma, diseñar e implementar un enfoque.

Si usted siente que con este ejemplo nos hemos alejado del mundo de los negocios, no se preocupe, volveremos a ellos aplicando cada uno de los conceptos que hemos analizado; sin embargo, tenga por seguro que esto es absolutamente transferible a producir, vender, dirigir personas, ejercer una profesión, cambiar una costumbre suya o de la comunidad, generar conciencia...; es decir a cualquier acción que usted quiera llevar a cabo para su desarrollo y el de su comunidad.

La actitud transgresora

Tal vez piense usted que nos repetimos demasiado y abusamos del término «transgresor», pero es que si tuviera que quedar en su mente un solo mensaje de este libro nos gustaría que fuera: «actitud transgresora».

Decía Bernard Shaw que el hombre racional se adapta al medio y que el hombre irracional adapta el medio a él. Por lo tanto, todo avance es producto de los irracionales. Nosotros decimos que todo avance se lo debemos a los positivamente inconformistas. A los transgresores.

El significado más profundo de la palabra *transgresor* es «aquel que va más adelante que el rebaño». ¿Le dice algo esta acepción?

La persona con una actitud transgresora no tiene prejuicios y hace combinaciones de cosas que aún nadie se atreve a hacer, encuentra nuevos usos, no se conforma con el promedio ni menos con vivir «a media máquina». Es creativa, no por las miles de ideas que destellan en su mente, sino por aquella idea que fue capaz de hacer realidad, que cambió su entorno y que en definitiva la cambió a ella.

El transgresor no es aquel que rompe las leyes, ni siquiera el que porfiadamente va contra corriente. Él está más adelante, está con la corriente, en la cresta de la ola, antes que cualquier otro. Va más rápido porque conoce, utiliza la fuerza de ese conocimiento y rompe los límites. Fuera de esos límites está lo nuevo, lo inhabitual, está lo excepcional.

Pasado un tiempo el rebaño llegará donde él ya estuvo. En ese momento, el transgresor estará nuevamente más allá, buscando nuevos límites que romper.

3

Cree su situación ideal

¿Cuál sería la situación ideal en su vida
o en su empresa? ¿Tiene claro lo que significa
para usted ese concepto? Seguramente pensará
en uno o dos objetivos que pretende conseguir
en un futuro. Algunos sueños por cumplir
y otros que pueden haber quedado en el camino.

Deseo ardiente

Los hombres ordinarios
tienen sueños comunes,
aspiraciones vagas, deseos sin precisión.
Fracasan porque no saben qué quieren.
No conocen el poder del deseo ardiente.
Los hombres extraordinarios
saben bien lo que quieren.
Por eso triunfan
y mantienen encendido el fuego
de su «sueño dorado».

SURYAVAN SOLAR
Manual para triunfadores

El concepto de situación ideal, aunque puede ser confundido con la fijación de objetivos, es mucho más profundo que la simple enumeración de metas o la redacción de una misión empresarial. Los objetivos se fijan justamente después de que existe una visión del estado de cosas que queremos lograr.

Instintivamente buscamos el bienestar, la prosperidad y la felicidad, pero sin tener una imagen clara de lo que para nosotros sería vivir esa situación.

Trabajar con situaciones ideales en todos los planos y etapas de nuestro desarrollo profesional, humano y empresarial no sólo ayuda a fijar mejor los objetivos, sino también a encontrar las formas más rápidas, más eficientes y que nos demanden menores sacrificios para cumplirlos.

Una situación ideal es algo parecido a un sueño. Es lo mejor que me podría pasar como persona o lo mejor que le podría suceder a mi empresa, mi producto o mi servicio.

Por ejemplo, a nivel personal, la estabilidad financiera puede ser un objetivo, pero sólo es un factor que va acompañado de muchos otros. El tipo de trabajo que desarrollamos, no cualquier trabajo sino uno que nos brinda enormes satisfacciones y que nos motiva a desempeñar nuestra actividad cada vez mejor, estaría más cercano a una situación ideal que simplemente fijarnos como objetivo la estabilidad financiera.

**Nuestra mente siempre trabaja mucho mejor
con imágenes, no importa si esas imágenes son reales
o existen sólo dentro de ella misma.**

Así también nuestro estado anímico positivo y nuestro equilibrio interior estarían representados en una situación ideal, pues nadie se visualizaría a sí mismo estresado y con problemas de salud por haber conseguido esa estabilidad financiera. Lo más probable es que en una representación de la situación ideal de una persona aparezcan conceptos como tranquilidad, tiempo para estar con quienes quiere e, incluso, para dedicarse a sí mismo. En ese sentido, nos podemos dar cuenta de que no basta con fijar un objetivo, debemos fijar en nuestra mente una situación ideal.

Nuestra mente siempre trabaja mucho mejor con imágenes, no importa si esas imágenes son reales o existen sólo dentro de ella misma. Una imagen de una situación ideal no nos entrega sólo un dato, sino muchos detalles que pueden ayudarnos a traer al mundo real esa visualización.

Si nuestra mente entiende que esa imagen es lo que queremos para nuestra empresa o para nuestra vida, si comprende que esa situación que está aconteciendo en el plano de la fantasía es lo que deseamos concretar, comenzará a operar, incluso de forma subconsciente.

La imagen de una situación ideal hace trabajar a nuestra mente. Hace que busque conexiones y haga relaciones, y cuanto más trabaja sobre esa imagen más nítida la va haciendo. De esta forma vamos descubriendo aquellas cosas que necesitamos, los mejores caminos, las herramientas que mejor nos pueden servir, dónde y cómo podremos conseguir los recursos que nos hacen falta, quiénes podrían ayudarnos y por qué.

Esta imagen también alimenta nuestra motivación y la de nuestro equipo de trabajo. Cada vez que descubrimos un detalle que nos permite concretar nuestra aspiración, nuestra motivación crece y la imagen se hace mucho más fuerte, pues lo que motiva a las personas no es un simple número puesto como objetivo. Los números por sí solos no infunden espíritu a los humanos. Las imágenes sí, porque favorecen el desarrollo de la creatividad y la perseverancia para llegar a concretar ese concepto ideal. Las imágenes estimulan algo mucho más poderoso que la racionalidad humana, estimulan también su emocionalidad.

Un equipo de escaladores que quiere subir al Everest no tiene en mente los 8.800 metros que deben ascender. No es el número lo que los motiva, es la imagen de su situación ideal de estar sobre la cima más alta del mundo con todos los detalles: el abrazo emocionado con los compañeros, la fotografía triunfal y la sensación de plenitud después de la conquista. Cientos de detalles que estimulan sensaciones, emociones y motivaciones. Después de eso sólo queda crear las mejores formas para llegar a la cumbre y trabajar duro para lograrlo.

¿Cuál es su situación ideal? ¿Sólo un número en la cuenta bancaria o al final del balance? ¿Qué impulsa a su equipo? ¿Sólo un cheque a fin de mes?

¿No sería mejor para usted y para su equipo ser parte de un sueño? Eso que le puede parecer tan utópico no lo es tanto... Si mira a su alrededor, verá a cientos, a miles de personas haciendo trabajos, realizando tareas por las cuales no les pagan ni un centavo, incluso, hay quienes arriesgan sus vidas durante el ejercicio de su profesión y... son felices por tener esa oportunidad.

Esas personas son capaces de cualquier cosa por un sueño. Tienen en su mente una situación ideal para ellos y en muchas ocasiones para el mundo, a veces se trata de grandes metas —como salvar al mundo de sus grandes males—, pero otras veces se plantean objetivos más cotidianos —por ejemplo, tener una ciudad más limpia o proteger la salud de las mascotas—. Siempre hay personas motivadas por algo que en su mente es ideal. Es, como dicen los Funky Business, la escala de necesidades de Maslow al revés: «Primero me preocupo de las cosas que me hacen feliz y luego me preocupo de comer».

Así pues, si usted o su empresa pueden ser parte del sueño de otra persona, de su equipo de trabajo, por ejemplo, ¿imagina lo que sucedería? Entregue y comunique esa imagen que usted tiene como ideal. Vea quiénes comparten realmente esa visión. Pero también déles información de cómo usted va a hacer posible que ese ideal llegue a ser algo concreto. Seguramente todo su equipo también encontrará medios para hacer realidad ese sueño.

En ese mismo plano, ¿qué pasaría si ese producto, ese servicio que usted ofrece llegara a ser parte del sueño de sus clientes? (Parece que esto de la situación ideal no es algo tan trivial, ¿verdad?)

Llegar a convertir un producto o servicio en algo que puede ayudar a sus clientes a cumplir sus sueños definitivamente es una situación ideal para cualquier profesional o empresario. Si llegamos a crear algo semejante seremos parte, aunque sea pequeña, de la situación ideal de nuestra tribu. Sea lo que sea lo que vendamos —pueden ser casas, automóviles, educación, belleza, servicios financieros, legales, médicos o productos para la cocina—, nuestra situación ideal tiene que tener en cuenta la situación ideal de nuestros consumidores. Esto es empatía: poder entender a otras personas, ponernos en sus zapatos y alinear nuestros objetivos con los de ellos.

En su libro *Re-imagina*, el célebre Tom Peters cita a un alto ejecutivo de Ferrari, que dice que debemos aspirar a diseñar productos que ayuden a nuestros clientes a ser quienes quieren ser.

Vea la situación ideal en todo momento

En el mundo empresarial, el concepto de situación ideal no sólo se debe aplicar en la creación de un producto o en la fijación de los principales objetivos de las personas y organizaciones, también debe estar presente en cualquier proceso, en cualquier situación que se presente y en la que tengamos que tomar decisiones. Ya sea en la comercialización, en la producción, en la activación de los mecanismos para financiar nuestras ideas, en el reclutamiento de colaboradores, visualizar aquello que sería la situación ideal en aquello que estamos llevando a cabo en ese momento siempre nos facilitará el camino.

En la comercialización, por ejemplo, si usted es capaz de visualizar una situación ideal, seguramente verá a muchas personas comprando su producto o contratando su servicio. En esta imagen podrá «ver» quiénes son esas personas que usted **quiere que compren** y cómo son. Esta imagen le permitirá descubrir motivaciones de esas personas que antes no había tenido en cuenta o situaciones que lograrán acercarlo a un gran número de posibles compradores. Si trabaja con esa situación ideal, se centrará en conocer dónde puede encontrar ese tipo de público y en crear las mejores formas de llegar hasta él.

Una imagen de la situación ideal, sumada a una pregunta bien formulada, le ayudará a concretar esa imagen. Por ejemplo, si usted piensa que su situación ideal es tener a quinientos potenciales compradores reunidos en un solo lugar para hacer negocios con ellos, debe preguntarse: «¿Cómo puedo reunir a mis quinientos clientes potenciales?» y «¿Por qué razón ellos accederían a reunirse en ese lugar?» Estas preguntas le permitirán hallar respuestas que estarán en concordancia con los intereses de sus clientes, y si usted trabaja en coherencia con ellos, seguramente logrará reunir a esas quinientas personas y entonces podrá cumplir su siguiente situación ideal: venderles su producto o servicio.

Lo que una empresa EDI siempre busca dentro de una imagen de situación ideal es encontrar los caminos y herramientas que creen el mayor impacto en el menor tiempo y con los mínimos recursos.

• C A S O •

RENDIMIENTOS EXCEPCIONALES: EL MÉTODO EDI, APLICADO POR UNA JOVEN EMPRENDEDORA

Generalmente, para lograr que nuestros clientes hagan algo, y nos referimos a algo que los beneficie, se debe recurrir a costosos esquemas tradicionales de difusión. Por fortuna para nosotros, hay mejores alternativas basadas en acercarse, escuchar y aprender qué es lo que los motiva para crear rendimientos excepcionales.

El ejemplo de cómo una joven de veintidós años resolvió un problema para una institución de salud nos muestra las bases de los rendimientos excepcionales; esto es, crear combinaciones transgresoras.

En nuestro país, año tras año el Ministerio de Salud lleva a cabo una campaña de vacunación masiva contra la gripe en personas mayores. Esta campaña, absolutamente gratuita, va dirigida a un gran número de ancianos y, por lo general, no es muy exitosa debido a la poca cultura de la prevención que existe en nuestro país. Las personas, especialmente aquellas de alrededor de sesenta y cinco años, son reacias a acudir a consultorios u hospitales, y sólo lo hacen cuando ya están enfermas. Este problema fue el motivo principal del proyecto final de una joven alumna de nuestro curso de producción de eventos.

En su presentación nos explicó que al inicio de cada invierno se invierten muchos recursos en publicidad en los distintos medios de comunicación, carteles publicitarios, trípticos informativos, etc. Sin embargo, la respuesta no mejora. Ella, según nos contó, había entendido que la producción de eventos era una herramienta con la cual se podían combinar las motivaciones de las personas con los objetivos de los productores para lograr rendimientos excepcionales.

En este caso, ella, como productora, se había puesto como objetivo vacunar a varios miles de personas en un solo día. Su solución fue crear un evento muy atractivo, casi irresistible para la «tribu» que quería beneficiar: un concierto de las estrellas de la canción romántica que hicieron furor en la década de 1960. Esto sería en un estadio cubierto con capacidad para unas ocho mil personas. Los asistentes mayores de sesenta años podrían entrar gratuitamente a este evento, perdón, **no tan gratuitamente: podrían entrar sin pagar... siempre y cuando estuviesen vacunados contra la gripe.**

Por lo tanto, el personal de salud encargado de la ejecución del programa estaría apostado en los accesos al recinto, atendiendo a todos los que deseaban «recibir su pase gratuito» a cambio de poner su brazo en manos de las enfermeras.

Lo notable de este evento era que lograría concentrar los mayores esfuerzos del servicio de salud en un solo día, en un solo lugar, a un menor costo y con los resultados que podrían soñar.

Asimismo, lo novedoso del programa haría que la prensa diera cobertura gratuita al evento, tanto por razones de sanidad pública como por el espectáculo que se iba a celebrar.

Los costos de producción serían ínfimos al lado de los recursos que habitualmente se invertían, pues las estrellas de la década de 1960 no cobran los honorarios de las estrellas actuales.

Por último, el éxito de esta experiencia podría ser repetido en todas las ciudades del país donde funcionara la campaña de vacunación, convirtiendo este evento en un verdadero *tour* nacional de las estrellas de antaño.

Los objetivos intermedios y las cadenas de objetivos

Por muy imposible que parezca llevar a la realidad su situación ideal, no renuncie a ella, pues dentro de esa visión se encuentra la clave que le mostrará el camino que debe seguir.

Muchas veces esa clave significará crear otra situación ideal, la cual se plantea como un **objetivo intermedio**. Es decir, un objetivo que servirá de puente para el cumplimiento de otros mayores. De esta forma, muchos de los grandes proyectos son en sí mismos una **cadena de objetivos**. Una secuencia de pequeñas situaciones ideales que se han ido transformando en realidad y que han sido los pilares de grandes realizaciones.

Si usted no cuenta con el capital necesario para poner en marcha la empresa que tiene en mente, antes de comenzar endeudándose debería crear situaciones ideales que le permitieran conseguir ese capital.

Un productor de eventos soñaba con contratar al maestro Lucciano Pavarotti, y al saber que podía hacerlo siempre y cuando tuviera los 400.000 dólares que el cantante cobraba por su actuación, exclamó: «¡Ahora tengo dos sueños: Pavarotti y los 400.000 dólares». Por lo tanto, comenzó a trabajar sobre la base de otra situación ideal, la cual obviamente, no era pedirle esa cuantiosa suma al banco.

«Soy su idea de negocio...
un día me buscará y ya no estaré aquí»

Hace mucho tiempo que desea independizarse, poner en marcha su propia empresa. Por las noches sueña con ese proyecto, lo siente cada vez más cerca, pero siempre hay un obstáculo o una buena razón para posponer el inicio.

¿Qué es lo que frena la realización de su anhelo? ¿Falta de capital, de experiencia, de tiempo? Si es así, tal vez necesite un «plan de negocio intermedio».

En una revista norteamericana apareció un anuncio que llamaba la atención a aquellos emprendedores que permanentemente posponían sus sueños. En él se veía una fotografía de una playa y, escrita sobre la arena, una frase a punto de ser borrada por las olas. La frase era ésta: «Soy su idea de negocio... un día me buscará y ya no estaré aquí». Me pareció muy claro el mensaje: su idea es algo efímero, frágil, si no existe un trabajo real para cristalizarla. Puede que sea, al menos para usted, la mejor idea del mundo; sin embargo, esa idea sólo será una fantasía mientras no haya un plan que le permita concretarla.

Un plan intermedio para un objetivo intermedio

A veces se precisa un plan de negocio que tenga como objetivo ponernos en el punto de partida, en el punto de inicio de nuestro proyecto; un plan de acción que nos lleve desde nuestro estado actual hasta el que necesitamos para comenzar el emprendimiento que tenemos en mente.

Ese plan debe contener por lo menos una descripción de qué nos motiva (un proyecto más grande, una carrera universitaria, etc.), el objetivo del plan (conseguir una cantidad de dinero para poner en marcha una empresa o para solventar los costos universitarios, ganar determinada experiencia, etc.), las formas de conseguir ese objetivo (ahorros sistemáticos, trabajos extras, vender la idea a potenciales socios, etc.) y algo importantísimo: la fecha en que se debe lograr el objetivo.

Existen diversas formas de llegar a nuestro objetivo intermedio, el cual nos pondrá a punto para iniciar el ascenso a nuestro objetivo mayor. Por ejemplo, hay quienes utilizan positivamente sus empleos actuales como un instrumento que les permitirá cumplir sus objetivos en un plazo determinado. Al poner en nuestra mente un desafío mayor que debemos cumplir en una fecha determinada, estamos dando un vuelco al tedioso y poco motivador trabajo de cada día, transformándolo en un vehículo para cristalizar nuestros sueños.

También están aquellas personas que utilizan su creatividad para generarse pequeños ingresos extras, vendiendo productos o realizando trabajos fuera de horarios, todo ello con el fin de conseguir los recursos necesarios para llevar a cabo su principal objetivo.

Cualquiera que sea la razón que le impida comenzar su emprendimiento, la clave para superar el obstáculo está en desarrollar un plan de acción para cumplir esos objetivos intermedios que le darán la fuerza necesaria para iniciar su travesía.

• C A S O •

EMILIO Y LA CADENA DE OBJETIVOS

Un joven de unos veintiún años, santiaguino, alumno de tercer año de ingeniería de una prestigiosa universidad, se enfrentó a una difícil situación. Su familia, por el empeoramiento de su condición económica, no podía seguir ayudándole en su manutención fuera del hogar y Emilio debía decidir entre abandonar sus estudios y volver a Santiago con sus padres o buscar una nueva fuente de financiación para poder seguir estudiando.

Lejos de deprimirse, el joven buscó ideas e hizo un pequeño análisis para ver de qué forma podía sacar algún provecho económico de su experiencia sin descuidar la universidad. Descubrió que una de las actividades más tediosas que le tocaba vivir era la de encontrar cada semestre una habitación digna y al alcance de sus posibilidades. Pensó que esa misma situación la vivían cientos de jóvenes como él que llegaban desde varias partes del país a esa zona, eminentemente universitaria. Fue así como llegó a la idea de que existía un mercado interesante que investigar y tal vez un producto distinto que ofrecer. Influido quizá por su formación de ingeniero, se dedicó a investigar.

Rápidamente y antes de finalizar el semestre, diseñó una encuesta muy simple que realizó entre compañeros de distintas carreras y con diferentes perfiles socioeconómicos. Eso, unido a su propia experiencia, le dio la pauta de los tipos de habitaciones que demandaban los estudiantes y las cantidades que estaban dispuestos a pagar. Habitaciones en casas de familia con derecho a comida o sin, habitaciones compartidas con otros compañeros, con características como la posibilidad de invitar a amigos, de estudiar hasta tarde, de tener cocina propia, etc., fueron algunas de las variables que se convirtieron en el referente para su «negocio».

Terminado el semestre, Emilio se quedó un tiempo más en la zona y cumplió la tarea de entrevistarse con dueños de pensiones y propietarios de apartamentos que estuvieran dispuestos a recibir estudiantes. Les mostró los resultados de sus encuestas y los animó a adecuar un poco lo que ofrecían a lo que los alumnos esperaban. Se preocupó de hacer convenios con los entrevistados y pactó con ellos una interesante comisión por cada joven que acudiera a sus negocios para alquilar.

Cuando se inició el siguiente semestre, Emilio pegó carteles por todas las facultades. En ellos ofrecía sus servicios: «¿Para qué vas a recorrer todas las pensiones? Emilio ya lo hizo por ti. Llámame [aquí se leía su teléfono] y te daré toda la información que necesites para alquilar tu habitación».

Esa sencilla acción promocional hizo que Emilio tuviera tantos interesados que apenas podía atenderlos a todos... Se preocupaba de entrevistarse con los estudiantes, de saber qué tipo de habitación les convenía y finalmente los acompañaba a visitar las diferentes opciones hasta que encontraban lo que más les gustaba.

Cada comienzo de semestre, la encuesta de Emilio era el tema obligado de los alumnos que llegaban a la zona, y él cada vez hacía mejor su trabajo e, incluso, contaba con la colaboración de compañeros de confianza que al igual que él necesitaban ingresos.

La historia termina con Emilio titulado, habiéndose costeado más de la mitad de su carrera gracias a un tipo de «asesoría» inmobiliaria, bastante bien enfocada y especializada, en un mercado en que muchos ni siquiera habían reparado.

Todas las personas, todos los profesionales y los empresarios tenemos básicamente las mismas aspiraciones de prosperidad y felicidad. Las diferencias están en qué representan para cada uno esos estados. Sin embargo, lo importante es cómo logramos construir el camino que nos lleve a obtener lo que queremos para nuestras vidas.

Cada vez que trabaje con situaciones ideales, procure siempre que esa imagen sea muy nítida, escríbala y dibújela, si es posible. Alimente todos los días ese sueño, compártalo con sus colaboradores e, incluso, con sus clientes. Haga que esa imagen sea poderosa, pues estimulará la creatividad racional y emocional de todos quienes se beneficiarán cuando este sueño se convierta en realidad y, de esta forma, esas mismas personas le ayudarán para que ello ocurra.

4

Aprender de las energías más poderosas

Primera fuerza combinatoria: El inventario de sí mismo

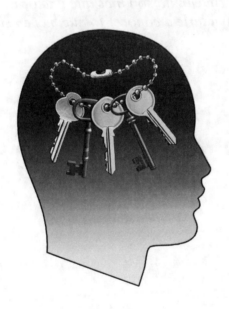

Conocerse a uno mismo

«Todo lo que el hombre aprende está ya en él.
Todas las experiencias, todas las cosas exteriores
que le rodean no son más que una ocasión
para ayudarle a conocer lo que hay en sí mismo.»

PLATÓN

La búsqueda del éxito en nuestros negocios está íntimamente ligada al desarrollo personal. En última instancia, a través de la iniciativa empresarial, lo que buscamos es el bienestar, nuestra prosperidad y felicidad y las de las personas a las que queremos.

El principal motor de toda empresa es la motivación de sus creadores, y el éxito o fracaso de este emprendimiento está determinado por la fuerza y continuidad de esa motivación.

Tal vez una de las tareas más difíciles para un ser humano es llegar a conocerse a sí mismo. De hecho, esta labor es uno de los objetivos principales de religiones y escuelas filosóficas. A través del conocimiento de las propias emociones, talentos, virtudes y defectos, podemos trabajar en aquellos aspectos que nos ayuden a desarrollar nuestro potencial, así como a encontrar el equilibrio psicológico y espiritual.

En ese sentido, mientras más profunda sea la relación entre lo que hacemos para vivir y lo que da sentido a nuestra vida, mayor fortaleza tendremos para mantener nuestra motivación a pesar de los cientos de obstáculos que encontraremos en nuestro camino.

Si de verdad amamos aquello en lo que trabajamos, la rentabilidad no será solamente financiera. El dinero será una consecuencia de hacer algo que nos hace felices..., o como decimos nosotros: la felicidad hace el dinero, y no al revés.

También es evidente que cuando desarrollamos una actividad que nos apasiona o que es coherente con aquellas cosas en las que creemos o que amamos nuestro rendimiento es superior.

La fuerza de la motivación

En este caso, la disciplina de trabajo ya no puede ser entendida como un sacrificio o esfuerzo, pues mientras más nos dedicamos a hacer mejor nuestro trabajo, más disfrutamos del él. Disfrutamos de cada pequeño o gran logro que obtenemos, de cada innovación que hacemos, de cada detalle que perfeccionamos. ¿Puede un pianista apasionado hablar de disciplina cuando estudia ocho horas diarias para interpretar magistralmente una partitura? Le aseguramos que si habla con uno le dará una definición de disciplina radicalmente opuesta a la que tenemos el común de los mortales.

La perseverancia, otro importante componente de la química del emprendedor, tiene un sentido más profundo cuando la actividad que se desarrolla está en armonía con nuestros objetivos de vida.

En momentos de dificultad o cuando sentimos que hemos fracasado en un intento, la perseverancia nos mantiene en el camino mediante la motivación que nos brinda una imagen clara de nuestros propósitos. Nos resulta más fácil perseverar cuando tenemos la convicción de que, a pesar de los obstáculos y tropiezos que encontremos, estamos en el camino correcto y nuestro esfuerzo será recompensado, porque entendemos que el fracaso es un ensayo para el éxito.

> **Un deportista sabe que por cada éxito
> que consiga sufrirá cien derrotas...
> Es parte del juego,
> y es parte del camino que escogió.**

Un deportista sabe que por cada éxito que consiga sufrirá cien derrotas... Es parte del juego y es parte del camino que escogió. Asimismo, un científico no reniega de sus fracasos porque sabe que cada uno de ellos le da más conocimiento. Cuando se le preguntó a Edison si no estaba cansado de fracasar en sus experimentos con la bombilla eléctrica, respondió: «¿Fracasar? Gracias a lo que usted llama "fracasar", yo sé más de quinientas formas de cómo no funciona este artefacto».

Un emprendedor que disfruta con su trabajo, que ama la actividad que desarrolla, no trata de ser perseverante: la fuerza de su motivación lo empuja a ser perseverante. Esta perseverancia no se traduce en golpear la cabeza una y otra vez contra una pared, insistiendo en métodos o caminos que no conducen a ninguna parte o no proporcionan los resultados que se esperan, porque eso no es perseverancia, es obstinación.

La perseverancia es creativa, nos estimula a buscar nuevos caminos, a observar y corregir lo que hemos hecho mal y a potenciar los factores que nos han permitido conseguir logros. La perseverancia nos invita a inventar y probar nuevas estrategias, a intentar nuevas tácticas, pero no a abandonar el juego.

Otro de los elementos de la alquimia del emprendedor es su capacidad de **empatía**, la facilidad que desarrolla para ponerse en el lugar de otras personas. Esta capacidad le ayuda a visualizar oportunidades, detectar nuevas formas de satisfacer una necesidad y producir enfoques que sean atractivos para alguna tribu. La empatía en los negocios algunas veces es determinante, pues permite anticiparse a los cambios e, incluso, predecir ciertos comportamientos de las personas.

Por ejemplo, hemos escuchado las quejas de muchas personas que tienen negocios en ciudades donde se instalan centros comerciales. Es cierto que estos monstruos comerciales, como les llaman ellos, en muchas ocasiones han hecho desaparecer algún comercio pequeño, pero una visión un poco más crítica de la situación nos lleva a pensar si son realmente los grandes recursos, las campañas publicitarias y las promociones los únicos factores que originan el éxito de estas empresas. Quienes hayan analizado un poco esta cuestión se habrán dado cuenta de que una de las atracciones de muchos centros comerciales es que permanecen abiertos durante los fines de semana. ¿Qué tiene que ver esto con la empatía? Es fácil suponer que algún empresario visionario se puso en el lugar de los consumidores. ¿Cuándo tienen tiempo para ir de compras las personas? Los fines de semana. ¿Cuándo realizan más compras? Cuando están relajados. ¿Cuándo ocurre eso? En sus días de descanso. ¿Y qué pasaba con los comercios tradicionales? Por diversas razones no abrían los fines de semana, y ello obligaba a las personas a realizar sus compras en los pocos momentos en que podían salir de sus trabajos. Bastó con que algunos emprendedores se pusieran en los zapatos de los clientes para que las cosas comenzaran a cambiar.

Eso es empatía, crear enfoques a partir de la capacidad de ponerse en el lugar de otro y actuar en consecuencia.

La individualidad, el ser único

Hemos visto que la única forma de lograr algo que podamos percibir como realmente nuevo es realizando combinaciones transgresoras y explorando caminos que comúnmente son desestimados. Se trata de crear lo que los psicólogos llaman asociaciones libres, las cuales, en muchos casos, podrían ser tildadas hasta de irracionales.

Si para crear productos únicos y verdaderamente valiosos debemos combinar elementos intangibles, la buena noticia es que la mayor abundancia de esos elementos está en nosotros mismos. La mayor fuente de recursos intangibles son las personas: sus ideas, talentos, experiencias, habilidades, conocimientos y valores. Como hemos observado, son la materia prima de mayor demanda y mejor pagada de nuestra economía.

Por ello, cuando acometemos la tarea de crear un producto o servicio único, se hace indispensable saber con qué recursos interiores contamos, cuáles son los que podemos explotar con mejores rendimientos, los que nos demandan menores esfuerzos y los que serán mejor valorados por el mercado, al cual queremos enfocarnos.

El cómo logremos combinar, relacionar y transformar estos recursos para producir algo útil y atractivo para el mundo será la clave de nuestro éxito.

En este punto, debemos comprender que los recursos más valiosos son los que tienen mayor relación con nuestras motivaciones, pasiones, experiencias y convicciones. Sin duda alguna, aquello que más amamos hacer podrá convertirse en aquello que mejor hacemos, lo cual es un factor importantísimo para la creación de un producto o servicio único.

• E J E R C I C I O •

ESCRIBA SU INVENTARIO

El primer paso es realizar lo que llamamos el inventario de sí mismo, que consiste en escribir toda la información que podamos en relación con nosotros mismos, respondiendo tres preguntas clave:

¿Qué anhelo para mi vida?

¿Qué he aprendido durante mi vida?

¿Qué es lo que me apasiona hacer?

Esta información debe ser expresada en frases simples y debe tratar de reflejar con la mayor fidelidad posible nuestra visión de nosotros mismos en cada uno de los aspectos. Recomendamos escribir un mínimo de cinco y un máximo de diez respuestas por cada pregunta.

¿Cómo trabajar con cada pregunta?

1. ¿Qué anhelo para mi vida?

Esta pregunta busca fijar en su mente y en su futuro plan aquellos propósitos y objetivos de vida que le darán mayor fortaleza, y que serán para usted una verdadera brújula que le indicará cuándo va por el camino correcto, aun cuando esté algo confundido.

Los seres humanos estamos experimentando cambios permanentemente. Por ello no deberá resultarle extraño que, pasado un tiempo, esos cambios también afecten a sus propósitos y objetivos. Sin embargo, se dará cuenta de que, a pesar de ello, su esencia permanecerá casi intacta aunque exteriormente parezcan distintos.

En este punto, le recomendamos disfrutar de unos treinta minutos de soledad y realizar el siguiente ejercicio. Para ello sólo necesitará lápiz y papel.

Visualice su vida

Siéntese cómodamente en una habitación tranquila y anote en una hoja la fecha del día en que está haciendo el ejercicio. Ponga, por ejemplo: «Martes 15 de marzo». No hace falta que escriba el año.

Ahora cierre los ojos e imagine un día de su vida, desde el amanecer hasta el momento en que se va a descansar.

Pero ese día, aunque será cualquier día de su vida, no será cualquier fecha. Será la misma fecha de hoy, ¡pero diez años más tarde! Siguiendo el ejemplo, va a describir su día completo del 15 de marzo de diez años más tarde.

Cierre los ojos, relájese y tómese su tiempo. Tome conciencia de que estamos hablando de diez años más. Usted tendrá diez años más que hoy. Todas las personas que quiere tendrán diez años más. Imagine cuánto habrá cambiado el mundo en esos diez años...

Su experiencia debe ser lo más vívida posible. No le resultará difícil. Recuerde cuando era niño y pensaba cómo serían las cosas en el lejano año 2000. Pues bien, el 2000 pasó hace rato y, como se habrá dado cuenta, parece que fue en un abrir y cerrar de ojos. Así pues, al pedirle que visualice cómo será su vida dentro de diez años, estamos hablando de una fecha que... está a la vuelta de la esquina.

Ahora imagine el momento en que despierta, mira la habitación en la que está, ve la hora que es... Observe cuál es su rutina durante el desayuno. ¿Quiénes le acompañan? ¿Cómo es su casa?

Se prepara para salir... ¿A dónde va? ¿Va en coche, en transporte público? Describa el entorno de su hogar. ¿Cómo es?

Si trabaja, ¿en qué trabaja? ¿Le gusta lo que hace? ¿Se siente motivado? ¿Cuánto tiempo trabaja? ¿A qué hora sale? ¿Qué hace después del trabajo? ¿Se encuentra con alguien? ¿Va a divertirse a algún lugar?

Estas preguntas son sólo para guiarle en esta visualización, con el fin de que la haga lo más detallada posible. Sin embargo, es usted quien debe reparar en aquellas cosas que considere más importantes. Cuando haya terminado la visualización de ese día de su vida dentro de diez años, abra los ojos y escriba toda la información que recuerde, como si estuviese escribiendo un diario.

Cuando termine de relatar su día, responda a estas preguntas:
¿Era realmente feliz ese día?
¿Sentía que estaba realizando actividades que le satisfacían?
¿Estaba acompañado por las personas que quiere?
¿Podía administrar su tiempo o se sentía presionado?
¿Cómo se parecía ese día a un día de su vida actual?

Si no le gustó lo que vio, ¿tiene un plan para cambiar ese futuro?

Si le gustó lo que vio, ¿está haciendo lo necesario para que se haga realidad?

Haga una síntesis de este ejercicio, anotando aquellas cosas que en su visualización le proporcionaban mayor bienestar y satisfacción como, por ejemplo: disfrutar de tiempo libre, estar con su familia, trabajar en algo que le apasiona, no tener presiones económicas y disfrutar de momentos para usted mismo, etc.

Tras realizar estas anotaciones, haga las deducciones que crea necesarias... Por ejemplo, si no tiene presiones económicas y puede estar más con su familia, puede ser porque tiene un empleo bien remunerado o una empresa que le da satisfacción y no le absorbe demasiado. O puede que se vea practicando el deporte que más le gusta o tocando un instrumento o realizando actividades que, en teoría, le gustan mucho, pero que por distintas razones, en estos momentos, se han quedado en el plano de lo ideal... Puede, también, que se vea ayudando a los demás o trabajando en tareas no remuneradas, pero que le llenan de satisfacción. De ello también puede deducir que muchos de sus problemas, al menos dentro de diez años, estarán superados.

Para concluir, escriba cinco cosas que quiere lograr en su vida, cinco objetivos a los cuales, por ningún motivo, renunciaría.

Todo lo que de aquí en adelante planifique deberá tener una relación directa o indirecta con estos objetivos. Aunque no se dé cuenta, su subconsciente comenzará a trabajar en relación con esos objetivos que ha anotado.

2. ¿Qué es lo que he aprendido durante mi vida?

El objetivo de esta pregunta es que tomemos conciencia de todas aquellas experiencias y conocimientos que hemos acumulado, así como de todas las habilidades y competencias que hemos desarrollado a lo largo de nuestra vida.

En este ejercicio tenemos que escribir todo lo que hemos aprendido. No importa lo profundo o superficial que nos pueda parecer. No importa cómo lo aprendimos, para qué lo utilizamos, ni con qué frecuencia. Lo importantes es que debemos tener en cuenta que, al realizar este ejercicio, de manera natural, aparecerán en primer lugar las cosas que tienen mayor relevancia para nosotros, las materias que más conocemos y las habilidades que más hemos desarrollado.

Cuando terminemos de hacer este inventario de conocimientos, habilidades y experiencias, pasaremos a ordenarlas darles un orden de jerarquía.

Para realizar este ejercicio puede utilizar la siguiente guía.

Estudios académicos. Etapa escolar
Haga un resumen de sus estudios durante esta etapa (educación básica y secundaria).

Comente brevemente los años de su vida escolar durante esta etapa, resaltando las materias que le gustaban más, aquellas en las que lograba las mejores calificaciones o las que le suponían menos esfuerzos.

Anote y comente todas las actividades extraescolares que realizaba, como clases de arte, deportes, ciencia, excursionismo, idiomas o cualquier materia que no tuviese que ver directamente con las exigencias habituales de sus estudios.

Estudios académicos. Etapa superior
Si cursó estudios superiores —llegara a finalizarlos o no—, es muy posible que esta etapa de su formación sea la que más incidencia tenga en su vida presente.

En este punto, también es fundamental entrar en detalles. Más aún, cuando muchas de las carreras técnicas, profesionales o universitarias incluyen períodos de práctica y estudios de materias más universales.

Por ello, además de resaltar las materias importantes para usted, debe describir los trabajos prácticos que mejor recuerda, los de mayor relevancia, las situaciones de exámenes frente a comisiones, etc. Asimismo, debe anotar las especializaciones que eligió y explicar por qué lo hizo. En definitiva, no deje de escribir todo lo que crea que es importante destacar.

Cursos de capacitación

Puede que haya tenido experiencia laboral en empresas de distintas áreas y que en algunas de ellas necesitase adquirir conocimientos específicos en alguna materia. Por ello, lo más probable es que haya realizado cursos de capacitación específicos relacionados con las tareas propias de su área. También en este ámbito es posible que haya realizado cursos que trasciendan lo netamente laboral y que le han proporcionado conocimientos que fácilmente puede transferir a otras áreas de su desarrollo. En este punto nos estamos refiriendo a cursos de ventas, informática, oratoria, planificación del tiempo, etc.

Formación complementaria

En este ejercicio es importante añadir también a nuestro inventario todos los cursos que hayamos realizado y que no tengan relación directa con nuestra vida laboral. Lo relevante de esta información es que muestra aquellas áreas del conocimiento que buscamos por motivaciones personales, más allá de nuestras necesidades laborales inmediatas. Esto revela, de alguna forma, nuestras pasiones, gustos y preferencias.

Por ejemplo, puede que haya estudiado idiomas para tener mejores perspectivas de trabajo, pero también porque le gusta viajar o por el simple placer de poder comunicarse con personas de otras culturas. Asimismo, hay muchas personas que realizan cursos que tienen relación con una necesidad de desarrollo personal como, por ejemplo, yoga, artes marciales, música, pintura, manualidades, bridge, fotografía, etc. Puede que usted se haya interesado por alguna de estas disciplinas. Anótelo. Aquí ninguna materia es irrelevante.

Ponga en su inventario todo lo que haya aprendido por esta vía, no importa si la institución o persona que le enseñó estaba o no acreditada oficialmente.

En este punto también puede anotar todas aquellas materias en las cuales se haya formado usted mismo o haya aprendido de cualquier forma no tradicional.

Experiencias y desarrollo de habilidades

Por distintas razones, durante su vida ha desarrollado habilidades o adquirido conocimientos que le han servido para algunas tareas específicas. Puede que ello tenga relación con sus aficiones, con alguna actividad laboral o con su rol en la sociedad.

Hemos tenido alumnos cuyas únicas habilidades fueron desarrolladas casi por azar y por una necesidad humana. Es el caso de una alumna que tuvo que cuidar durante mucho tiempo a su abuela enferma. Por ello, se vio obligada a adquirir conocimientos especiales y habilidades básicas como poner inyecciones y ese tipo de cosas. Pero aún más profundamente, logró desarrollar una sensibilidad especial hacia los ancianos, lo cual le permitía ser empática con ellos. Esta mujer, después de realizar el curso, se encuentra trabajando en un proyecto empresarial centrado en la población anciana, y para enfocarlo se ha basado en las habilidades y conocimientos obtenidos en su experiencia de vida.

3. ¿Qué es lo que apasiona hacer?

Hemos tenido la suerte de conocer muchas personas de éxito: empresarios, músicos, actores, políticos, deportistas, profesionales, religiosos, etc. Al hablar de éxito nos referimos no sólo a su condición económica, sino a su condición psicológica. Son felices porque proporcionan felicidad a las personas que se benefician de sus productos, servicios, ideas, trabajo, etc. Son felices porque se sienten afortunados de servir y ser retribuidos de alguna forma por ello.

Reconocemos a las personas de éxito por la cantidad de veces que les vemos sonreír sin causa aparente, por cómo se relacionan con los demás y por lo que proyectan. (¿Ha visto alguna imagen del Dalai Lama?)

De alguna forma estas personas nos dicen que están haciendo lo que más les gusta hacer, aquello que les llena el alma. Se entusiasman, se emocionan y experimentan una pasión intensa con lo que hacen.

Ellos entienden que hoy en día vivir, aprender y trabajar no son compartimentos estancos. Son tres facetas de la vida que se superponen permanentemente. Por lo tanto, si buscamos la felicidad en nuestras vidas, ¿cómo podríamos lograrla si somos infelices en nuestro trabajo? Si somos felices en nuestros trabajos, buscaremos formas de aprender mucho más mientras ejercemos nuestra profesión. Y eso, aunque no seamos conscientes de ello, hará que tengamos un rendimiento sobresaliente. El resto de las personas lo notarán y les gustará.

¿Nunca le ha dado clase un profesor desmotivado, que se limita a cumplir con su trabajo? Compárelo con algún profesor que le haya infundido energía, que le haya hecho vibrar y le haya contagiado su entusiasmo. De inmediato se dará cuenta de quién disfrutaba realmente con su trabajo, quién era feliz enseñando y quién ponía toda su energía en hacer su trabajo cada vez mejor. Es evidente quién es el profesor con quien se puede aprender más y al que usted volvería a elegir si tuviera que hacerlo o recomendaría a su mejor amigo. En consecuencia, ¿qué profesor tendrá, a la larga, el mejor empleo?, ¿a quién le pagarán mejor?

De esto podemos deducir correctamente que, al final, la propia felicidad es la que termina generando el dinero y no al revés.

En el mundo de las empresas y de los profesionales las cosas funcionan igual. Han alcanzado el éxito aquellas personas que han invertido todos sus esfuerzos para entregar unos productos u ofrecer unos servicios al mercado en los cuales realmente creen, quienes se han mostrado empáticos con su «tribu».

La clave está en encontrar dentro de nosotros mismos ese algo que nos haga vibrar, que nos provee de un entusiasmo permanente. Esa motivación hará que tratemos de aprender cada día más sobre eso que nos apasiona, que inventemos cientos de formas creativas para entregarlo a las personas y que nos enfoquemos y salgamos de la competencia. Eso hará que tengamos lo que nosotros llamamos rendimientos excepcionales, lo que traerá como consecuencia que haya personas que paguen bien por ese producto o servicio... A la larga, nosotros también obtendremos el dinero que necesitamos para estar tranquilos, vivir bien y seguir invirtiendo nuestra energía en trabajar mejor. Un verdadero círculo virtuoso.

¿Sabe qué significa *entusiasmado*? Quiere decir «infundido de espíritu». En este caso, si la mayoría de gente que ha triunfado dice que estar «infundido de espíritu» es la clave del éxito, ¿no deberíamos preguntarnos si en el desarrollo de nuestras empresas tendrá algo que ver nuestro propio desarrollo personal? Los autores de este libro estamos convencidos de que sí. Creemos que es una condición fundamental.

La pregunta de siempre es: ¿qué podemos hacer para entusiasmarnos, para mantenernos motivados a pesar de todo?

Los profesores Nordström y Ridderstrale señalan en su último libro *Capitalismo Karaoke*: «El futuro, como siempre, no le miente a las personas exitosas. El futuro debe inclinarse ante ellas. No intente controlar las incertidumbres de este mundo o perderá los mejores momentos de su vida.

Tal vez, en cambio, lo mejor que podemos esperar es algo de estabilidad y certeza dentro de nosotros mismos.

Olvídese de sus debilidades por un rato. Encuentre sus fortalezas y ÚSELAS. Sea la persona que usted quiere ser. Revele al resto del mundo el mejor de esos secretos guardados dentro de usted. Sea auténtico. De otra manera está condenado a perder».

Llegados a este punto del ejercicio, le pedimos que haga una lista de las cosas que más le gustan hacer. Aquellas cosas que haría aunque no le pagaran. No importa lo simple o complejas que puedan ser esas actividades, lo importante es que a usted le apasione hacerlas.

Por lo general, si tuviéramos la oportunidad de desarrollar habitualmente las cosas que más amamos hacer, acabaríamos realizándolas a la perfección. Sin embargo, por diversas razones abandonamos esas actividades para centrarnos en lo que al parecer produce dinero seguro. Después de todo tenemos que vivir, ¿no?

Pero quizás ésta sea la oportunidad de crear algo que incluya esas cosas que nos gustan tanto. Tal vez, si combinamos de forma transgresora nuestras pasiones, nuestros talentos y conocimientos, podremos producir algo realmente interesante y motivador para nosotros y para alguna tribu que valore esta propuesta.

Marcelo, otro de nuestros alumnos, ingeniero comercial experto en temas financieros, nos confesó que su pasión de

LA GUÍA DEL EMPRENDEDOR

siempre era cantar. Había estudiado técnicas vocales y en algún momento pensó que su destino estaba en la música. Pero, como ocurre tantas veces, su pasión acabó vencida por su razón, que siempre gana la partida. Sin embargo, a los espíritus verdaderamente emprendedores la vida les suele dar buenas oportunidades.

Marcelo descubrió que, como él, existían muchas otras personas que habían hecho lo mismo que él: abandonar sus pasiones para trabajar en otras cosas. En la actualidad está trabajando en un excelente proyecto empresarial que dará la oportunidad a esta tribu de continuar desarrollando las actividades que más les gusta sin renunciar a sus actuales empleos. Te deseamos mucho éxito, Marcelo, tu propuesta no sólo es valiosa para ti, sino para muchas personas que necesitan realizarse en otros planos, más allá de su trabajo.

En cuanto a nuestro inventario, es importante que, una vez haya hecho la lista de todas las cosas que le apasionan, las ordene jerárquicamente; es decir, al principio deben aparecer las actividades que más estimulan su espíritu, las que más le motivan.

Ahora puede agregar todos los aspectos que considere relevantes en su vida y que piense que de alguna forma han dejado una huella en usted. Cuando haya terminado, guarde esta hoja un par de días y luego vuelva a revisarla. Durante ese tiempo, su mente habrá buscado detalles que en un primer momento pudo haber pasado por alto.

Después de hacer esta revisión, subraye todas las frases que le llamen poderosamente la atención. No intente saber por qué lo hace, sólo actúe, luego ya habrá tiempo para analizarlas con mayor detalle. Después anote esas frases en otra hoja. Transcriba textualmente todos los aspectos que marco de cada uno de esos puntos. Guarde este nuevo documento, lo utilizaremos más tarde cuando trabajemos otro de los elementos que conformarán su enfoque.

5

Aprender de las energías más poderosas

Segunda fuerza combinatoria: La tribu

Conocer datos de nuestros potenciales clientes como dónde viven, cuánto ganan o qué edad tienen no es suficiente. Ahora nos resulta más interesante saber a qué «tribu» pertenecen, dónde se reúne esa tribu y cuáles son sus características esenciales.

PREGUNTA ERRÓNEA:

**¿Qué tengo que hacer
para vender mis productos?**

PREGUNTA CORRECTA:

**¿Qué tengo que hacer
para que compren mis productos?**

Dividir para vencer, segmentar para competir

En la década de 1950, cuando las cosas empezaron a ponerse difíciles para las empresas, nació el concepto de segmentación de mercados. Esto reconocía una realidad que a esas alturas era evidente: que las motivaciones para comprar un producto variaban mucho de una persona a otra.

La segmentación del mercado iba más allá de lo que eran, hasta el momento, segmentaciones más o menos obvias, como las motivaciones por género (productos para mujeres o para hombres), por edad o geografía. Significaba que frente a un mismo producto dos personas podrían tener dos razones muy distintas para adquirirlo. Si se trataba de un automóvil, por ejemplo, una podría estar motivada por su necesidad de movilizarse, mientras que para la otra sería un símbolo de estatus social.

El concepto de segmentación de mercado ha sido crucial en la historia de los productos y servicios, pues le dio mayor relevancia al consumidor e hizo que las empresas se volvieran hacia él y tuvieran en cuenta sus características personales.

> **Teniendo en cuenta esta fórmula, pequeñas empresas han sido capaces de competir exitosamente con organizaciones gigantes, encantando a mercados más reducidos, más exigentes y, la mayoría de las veces, más rentables.**

El procesamiento de información respecto a las personas y sus motivaciones, especialmente de compra, es uno de los factores principales del marketing actual. De hecho, el desarrollo de miles y miles de productos ha sido gracias a dichas investigaciones.

Éste fue el gran golpe de las empresas emergentes de esa época, pues este concepto les abrió la puerta para competir con las grandes corporaciones tradicionales. El trabajo consistía básicamente en encontrar un producto genérico, investigar cuáles eran las motivaciones de compra de los consumidores, realizar algunas modificaciones en concordancia con esas investigaciones y dirigir la oferta sólo a una parte de esos consumidores, a un segmento del mercado.

Así nacieron, por ejemplo, revistas especializadas en deporte, diarios especializados en finanzas, bebidas dietéticas, café descafeinado, ordenadores para el hogar, bancos especializados en pequeñas empresas, champú para cabellos secos... Miles y miles de productos y servicios que son variaciones, subcategorías de otros productos más genéricos y que están dirigidos a grupos humanos específicos, con necesidades y motivaciones concretas. Teniendo en cuenta esta fórmula, pequeñas empresas han sido capaces de competir exitosamente con organizaciones gigantes, encantando a mercados más reducidos, más exigentes y, la mayoría de las veces, más rentables.

Para reconocer al grupo humano al cual se quiere dirigir la oferta, se utilizan decenas de variables que ayudan a encontrar las características más comunes de ese grupo. Segmentación por edad, género, lugar de residencia, nivel socioeconómico, estilos de vida, etc. son sólo algunas de esas variables que aportan información vital a las empresas para definir las características de sus productos.

Sin embargo, el concepto de segmentación de mercado cobra una dimensión aún más profunda cuando las tecnologías de información nos permiten conocer todavía mejor las características, los hábitos y estilos de vida de los consumidores, así como anticipar los cambios sociales, los cuales son elementos básicos para construir un producto con un enfoque poderoso.

Buscar nuestra tribu

Hoy debemos asumir que nuestra sociedad sufre transformaciones revolucionarias en todo ámbito, por lo cual los parámetros de segmentación típicos ya no son tan útiles como lo eran antes.

En una sociedad cada vez más fragmentada, cada vez más individualista, como empresarios necesitamos conocer qué factores identifican a distintos grupos humanos. Las características psicológicas y socioculturales de los consumidores son mucho más complejas, sus intereses y preocupaciones mucho más variados y, como dato adicional, su capacidad de atención mucho más escasa.

Conocer datos de nuestros potenciales clientes como dónde viven, cuánto ganan o qué edad tienen no es suficiente. Ahora nos resulta más importante **saber a qué «tribu» pertenecen, dónde se reúne esa tribu y cuáles son sus carac-**

terísticas esenciales, pues para crear un producto o servicio único deberemos enfocar nuestro trabajo en al menos una de esas características.

Históricamente hablando, las tribus son entendidas como pequeñas comunidades, cuyos integrantes están unidos por lazos sociales, económicos, religiosos o de parentesco.

Modernizando un poco más ese concepto podemos añadir, además, que las tribus son grupos de personas que tienen en común intereses, inquietudes, pasiones, problemas, convicciones, pasatiempos, formación profesional, etapas en el ciclo de vida, y en algunos casos, según el sociólogo Mario Margulis, la tribu funciona como mecanismo de identificación de semejantes y de segregación de diferentes.

Cada tribu tiene características que le son propias, como el vocabulario utilizado, formas de vestirse, temas de conversación, lugares de reunión (virtuales o reales), personalidades a quienes admira, por nombrar sólo algunas. Sin embargo, son cientos los factores sociales que permiten que, de manera consciente o inconsciente, durante su vida, las personas pertenezcan a una gran cantidad de tribus distintas, lo cual hace que la combinación de características de todas esas tribus influya en su comportamiento, costumbres y formas de relacionarse.

Hasta no hace mucho, con unos pocos datos se podía deducir cómo era la vida de una persona o grupo de personas. Si usted ganaba X cantidad de dinero y tenía X años de edad, las estadísticas podían pronosticar sus gustos, preferencias y hasta valores humanos. Gracias a esa información podíamos predecir, incluso, que si alguien compraba un producto A, según su estilo de vida, también podría comprar un producto B.

Hoy, usted puede ser aficionado de un equipo de fútbol, ser luterano, ingeniero y padre de hijos adolescentes. Otra persona, en cambio, puede ser naturista, vendedora de seguros, amante de la música de Madonna y soltera.

Esa simple información expresada en un par de líneas no habla de edades, ni de nivel de ingresos, ni de área geográfica donde habita, pero entrega una información mucho más rica y nos da una pequeña muestra de la complejidad de las motivaciones de las personas.

Crear para la tribu

En ese escenario, para crear productos verdaderamente únicos, debemos enfocarnos en atender a segmentos de mercado, pero buscando las características «tribales» más relevantes y que más se acerquen a nosotros, para así centrar nuestros esfuerzos en alguna que nos permita atraer, encantar y fidelizar a esas personas.

Todos nosotros pertenecemos o hemos pertenecido a muchas tribus distintas y absorbemos de cada una de ellas distintos conocimientos, hábitos, gustos y preferencias. Hemos aprendido de ellas, y eso nos da una ventaja sobre quienes sólo han observado a esas tribus desde fuera.

Ciertamente, hay tribus a las cuales estamos vinculados con mayor fuerza porque pertenecemos a ellas o porque interactuamos frecuentemente con ellas. Eso nos da un nivel de conocimiento mayor sobre esas tribus, lo que en el caso de un empresario significa mejores oportunidades.

Por ejemplo, un profesor universitario pertenece a la tribu de los académicos, a la cual, por su trabajo, está fuertemente ligado. Pero su trabajo consiste en interactuar periódicamente con otra tribu bastante definida, los estudiantes universitarios. Además, este maestro, para haber llegado a serlo, tiene que haber vivido la etapa de estudiante, por lo cual tiene un conocimiento bastante amplio de dos tribus distintas que se reúnen en un mismo espacio: la universidad.

Si nuestro profesor universitario decide convertirse en empresario, lo más probable es que las mayores oportunidades que encuentre sean en alguna de esas dos tribus. Obviamente, habrá otros factores personales que influyan en su enfoque, sin embargo, es lógico pensar que **el conocimiento de las características de estos grupos, una red de contactos existente y una relativa facilidad para acceder a esas personas** serán factores importantes a la hora de crear su negocio.

A modo de ejemplo, un profesor de un instituto de música se fijó en que los alumnos de artes plásticas usaban unos cuadernos de grandes proporciones para hacer sus bocetos. Pensó que imprimir los pentagramas usados para anotar las partituras musicales en cuadernos de ese formato sería de gran utilidad para los alumnos que estudiaban orquestación. Así que un día apareció en clase con unos enormes cuadernos con pentagramas, los cuales tuvieron un gran éxito en ese instituto y el profesor pronto comenzó a vender su «invento» a estudiantes de todos los institutos de música del país.

Este profesor combinó sus conocimientos respecto a una tribu con sus observaciones sobre otra tribu parecida. El resultado: algo único, que no habría podido crear nadie que no tuviera su experiencia y su visión.

¿En qué tribu me enfoco?

Se habrá dado cuenta de que usted, como todos nosotros, pertenece a decenas de tribus distintas con las que se identifica o relaciona en mayor o menor medida. Tenemos características comunes con diversos grupos de personas, a las que nos unen desde lazos familiares hasta simplemente alguna preferencia por algún producto o servicio. Por ello, en el momento de crear su enfoque, es necesario evaluar a qué tribu orientará su oferta, pues las características de ese grupo de personas permitirá afinar aún más su enfoque.

A continuación analizamos algunos de los criterios básicos que debería tener en cuenta un emprendedor en el momento de elegir una tribu a la que dirigir sus productos o servicios.

1. ¿Cuál es la tribu que mejor conoce?

Esto no sólo significa que pertenezca a ella. El conocimiento puede provenir de su relación con esa tribu, con alguna investigación que haya realizado o con experiencias de vida que lo vinculan a ella. Así, por ejemplo, un dentista puede conocer muy bien la tribu que componen sus pacientes y algunas características de tribus más pequeñas, como pueden ser los niños. Esto podría llevar a ese dentista a crear un producto o servicio dedicado a los niños en relación con la prevención y cuidado dental, en el que otra tribu, que él también conoce, podría influir: los padres.

2. ¿Dónde tiene una red de contactos más y más fuerte?

En ocasiones, contar con una sólida red de contactos puede determinar el enfoque de un producto o servicio, puesto que este factor proporciona una de las mejores ventajas con las que puede contar un empresario.

Muchas veces, el éxito de la comercialización depende sólo de poseer contactos clave que nos permiten entrar en una tribu, avalados por la confianza que generan esos contactos. Son cientos los casos de empresas exitosas cuyo único enfoque es aprovechar la fortaleza que significa dominar una red de personas con poder de decisión.

Todos nosotros, en mayor o menor medida, contamos con una red de contactos. Lo importante es cómo hacemos crecer esa red.

Como empresarios debemos preocuparnos siempre de ampliar nuestra red de influencia, especialmente dentro de la tribu que hemos seleccionado y en la cual enfocaremos nuestra actividad.

3. ¿Cuál es la tribu con mayor volumen de integrantes y mayor poder adquisitivo?

Tan interesante es que la tribu tenga un gran número de integrantes, como que la compongan un grupo específico de personas unidas por algún factor común y que tengan un alto poder adquisitivo.

Así, por un lado, hay cientos de tribus compuestas por muy pocos miembros que, sin embargo, tienen un poder adquisitivo muy alto, lo cual puede hacerlas especialmente atractivas. Por ejemplo, una tribu conformada por ingenieros especialistas en sistemas informáticos para la minería es, obviamente, un grupo muy especializado y pequeño; sin embargo, su nivel económico es lo suficientemente alto como para que existan empresas que enfoquen sus esfuerzos comerciales en ellos, tanto por las necesidades de las empresas a las cuales representan como por sus necesidades profesionales y humanas.

Por otro lado, una tribu puede tener un poder de compra bajo, pero el número de sus integrantes puede ser tan grande que sólo ese factor hace que merezca la pena enfocarse en ella.

Esto nos lleva a la conclusión de que mientras menor sea el poder adquisitivo de una tribu, mayor debe ser el número de personas que la integran.

Cuando usted ya ha elegido la tribu a la cual orientará su producto o servicio, debe realizar un perfil de ella lo más detallado posible. Su experiencia será fundamental para determinar las características más importantes que pueden influir en el diseño de su enfoque o en la comercialización de éste.

Las preguntas clave que debe responder son:

¿Cómo son los integrantes de esta tribu y qué los motiva?

Le interesa saber datos tan básicos como la edad y el sexo y también otros más específicos como valores que comparten, estilos de vida, problemas en común, etc.

Así, una tribu compuesta por personas mayores de sesenta y cinco años tiene en común una biografía bastante rica que usted debe conocer, pues esa información podrá ayudarle a aumentar el valor del producto que tiene pensado para ellos. Así, por ejemplo, en esta tribu pueden haber grandes diferencias entre sus integrantes en relación con su poder adquisitivo, pero seguramente compartirán otras características importantes. Estas personas han tenido experiencias en común, fueron influidas por modas, por música o por personajes que en su época fueron relevantes para ellos. Esos datos pueden convertirse en algo muy valioso para su enfoque si usted es capaz de relacionarlos y combinarlos de manera creativa.

¿Dónde están?

Toda tribu tiene puntos y momentos de reunión. Hasta no hace mucho esto siempre ocurría en un plano real, pero hoy, gracias a las tecnologías de la comunicación, son muchos los grupos humanos que se reúnen virtualmente a través de Internet o frente a un televisor.

Es importante conocer los momentos o los lugares donde será factible contactar con los miembros de una tribu, pero más importante aún es saber dónde encontrar el mayor número de sus integrantes y el por qué se producen esas concentraciones. De este modo podremos crear tácticas que nos permitan abordar a la mayor cantidad de miembros de esa tribu en el menor tiempo posible.

Si un emprendedor ha creado un enfoque, un producto o un servicio único, dirigido a una tribu que valora los temas de desarrollo personal, podría hacer una lista de los lugares y los momentos en que esas personas realizan actividades relacionadas con esa característica del grupo. Con esos datos podría llegar a la conclusión, por ejemplo, de que los lugares de más interés para esa tribu son los centros de yoga, restaurantes naturistas, librerías, seminarios, etc. Con este conocimiento podría crear estrategias de contacto muy efectivas, pues estarían en concordancia con sus motivaciones.

Una tribu no necesariamente tiene una limitación geográfica. Muchos de los factores que unen a las tribus van más allá de un punto específico en el mapa, y ello proporciona grandes oportunidades a los emprendedores que se atreven a desarrollar su negocio en otros países.

Hace algunos años conocimos a un excelente empresario chileno que había observado el modelo de negocio de algunas empresas asiáticas que comercializaban productos alimentarios tradicionales de su tierra a grupos de sus compatriotas repartidos por todo el mundo. Supuso correctamente que él podía hacer lo mismo, pues existían muchas colonias de chilenos que se habían concentrado en algunos países clave, lo cual facilitaba su detección y el contacto con ellos.

Seleccionó los productos que podrían ser más rentables y creó un sistema de distribución enfocado en las ciudades donde se concentraba la mayor cantidad de miembros de la tribu a la cual había elegido para desarrollar su empresa.

¿Cómo se relacionan las tribus entre sí?

Si bien las tribus tienen factores y características que las identifican, eso no quiere decir que sean grupos cerrados. Todas ellas necesitan relacionarse de alguna forma con otras tribus. En muchos casos, incluso, esa relación determina o influye en sus hábitos, comportamientos o decisiones. El ejemplo más claro de esto es la relación que existe entre los padres y los hijos. Sin embargo, no es la única relación que podemos observar.

La tribu de los niños se relaciona muy a menudo con otras tribus distintas a las de sus padres, como es el caso de sus profesores, abuelos y pediatras, por poner sólo algunos ejemplos. En el mismo sentido, los médicos se relacionan con sus colegas y con sus pacientes, y los profesores con sus empleadores y sus alumnos. En todos estos casos, las relaciones pueden generar influencias en ambos sentidos, los padres influyen en los niños, y éstos en sus padres. Los pacientes, como clientes, pueden influir en los médicos, y viceversa.

El idioma de la tribu y sus palabras clave

Su enfoque necesita difundirse, esto es, usted debe comunicar el beneficio de su producto o servicio y a quién va dirigido ese beneficio.

En una sociedad que padece de déficit atencional, tratar de comunicar algo es a veces una tarea ardua, pero sobre todo especialmente costosa. Por ello, debemos elegir las palabras clave que resumen de manera clara y sencilla nuestro enfoque, aquellas que son parte del idioma de la tribu a la cual dirigimos nuestro producto o servicio. Elegir las palabras adecuadas, las que están en sintonía con las motivaciones y necesidades de sus potenciales clientes, le permitirá ahorrar esfuerzos y llamar poderosamente su atención.

Las palabras clave son vitales en la comunicación con la tribu. Hablar en su idioma es casi como enviar un mensaje personalizado, como si usted estuviera llamándolos por su nombre. Cada tribu tiene su «idioma» y un conjunto de palabras clave, las cuales, curiosamente, pueden significar poco o nada para el resto de las personas, pero para los miembros de una tribu son realmente reveladoras.

Pensemos por ejemplo en los médicos. Si va a un restaurante y en la mesa de al lado hay un grupo de médicos, si usted no es del ámbito de la medicina, lo más probable es que de lo que les oiga decir no entienda ni la mitad. Lo mismo ocurre con ingenieros, albañiles, mecánicos y golfistas. Aquellos que poseen un conocimiento especializado en algún campo utilizan palabras clave que no son claramente entendidas por las personas ajenas a ese ámbito.

Pero también existen palabras clave que nos llaman la atención cuando cobran un nuevo valor para nosotros. Esto ocurre cuando pasamos a formar parte de una tribu, aunque sea de forma temporal.

Éste es el caso de la tribu de los novios. Cuando una pareja decide casarse, todo lo que lleve las palabras *boda*, *matrimonio* o *novios* llamará poderosamente su atención, pues son términos que han cobrado un nuevo significado para ellos.

Lo mismo ocurre con la tribu de los futuros padres respecto de las palabras *bebé*, *hijos*, *niños*, *parto*, *biberón*, etc. Incluso hemos conversado con mujeres que nos han contado que mientras estaban embarazadas se daban cuenta más que nunca de que había muchas otras mujeres en su mismo estado. La respuesta es que en ese momento el concepto de embarazo había cobrado para ellas una dimensión más importante que en cualquier otro momento de sus vidas, y por eso su atención hacia el tema se había agudizado.

Por esta razón también ha sido tan exitosa la difusión del «efecto Mozart» y sus aplicaciones en juguetes infantiles. Usaron palabras clave muy efectivas para llamar la atención de la tribu de los futuros padres: estimulación temprana, inteligencia, hijos, etc. ¿Qué padre no quiere que sus hijos sean inteligentes? Todos, pero especialmente aquellos que esperan un bebé, pues durante nueve meses ese hijo es su principal foco de atención.

Las palabras clave deben estar presentes en nuestra marca, en el nombre que daremos a nuestro enfoque, en nuestra publicidad, en todo aquello que pueda ser visto, leído o escuchado. Por eso, cuando cree su enfoque, haga una lista de las palabras que mejor se relacionan con él y con la tribu a la que va dirigido.

Aléjese de su producto, acérquese a su tribu

Debemos entender que los miembros de cualquier tribu que escojamos para dirigir nuestro enfoque tienen motivaciones y necesidades más allá de lo que nosotros hemos creado para ellos. Por eso, será muy conveniente conocer con lo más profundamente posible esos aspectos, pues ello nos permitirá crear las formas de atraer y encantar a esas personas, construyendo un puente que no está basado sólo en nuestro producto.

Harley Davison, al igual que otras importantes empresas, trabaja teniendo en cuenta las motivaciones más específicas de su tribu, como la música, el gusto por reunirse al aire libre y el intercambio de información entre los miembros. Por ello, organiza eventos en que logra congregar a su público, fidelizarlo y entregarle nuevas propuestas.

Por pequeña que sea su empresa, usted puede aprender y transferir estas experiencias a su realidad, pues estará trabajando siempre con un grupo humano con motivaciones que pueden no estar tan claramente relacionadas con su producto, pero que podrían entregarle oportunidades para generar un mayor valor a su oferta.

• C A S O •

LA TRIBU QUE MEJOR CONOZCO, MI TRIBU

Don Mario se retiró del ejército, después de formar parte de él durante casi treinta años, con un alto grado militar y gozando del reconocimiento de cientos de personas de la institución que guardaban un grato recuerdo de él.

Su vitalidad y la necesidad de ganar dinero fueron los alicientes que tuvo para buscar una actividad empresarial. Estuvo tentado en seguir el ejemplo de muchos de sus ex compañeros, que al salir del ejército comenzaban a trabajar en áreas relacionadas con la seguridad ciudadana. Sin embargo, siempre le había atraído el mercado de los bienes inmuebles, pues pensaba que ofrecía muchas oportunidades. Por ello, tras realizar un curso de corretaje de propiedades, que le proporcionó los conocimientos para desarrollar esta actividad, abrió su oficina.

Al poco tiempo se dio cuenta de que la competencia en este ámbito era bastante dura y, según él, los clientes no valoraban como había esperado la calidad de su servicio. «Había mucho ruido en el ambiente», decía.

Su corta experiencia en este campo le indicaba que la clave tenía que ver con la comercialización, pues había visto a otros agentes inmobiliarios que parecían tener éxito en su gestión a pesar de que no tenían profesiones relacionadas con este campo, como podían ser los abogados, arquitectos o constructores.

De hecho, su observación le mostraba que quienes tenían mejores resultados eran personas que, aunque podían no tener una formación universitaria, sabían relacionarse bien, eran amistosas y trabajaban especialmente sobre el terreno, es decir visitando clientes.

Había pensado en hacer un curso de marketing para adquirir mejores herramientas teóricas para enfrentarse al mercado, pero no estaba muy convencido de que hacerlo le reportara los frutos que esperaba.

En nuestra conversación hablamos de la necesidad de crear un servicio único, y no era suficiente con que tuviera sólo alguna ventaja más sobre los competidores. Hablamos de conceptos como enfoque, tribu y combinaciones transgresoras.

Nos dimos cuenta de que en su caso era relativamente sencillo llegar a un enfoque único, puesto que el mercado inmobiliario es más o menos uniforme, por lo cual es más fácil que conceptos nuevos sean percibidos como únicos. Además, saltaba a la vista que uno de los elementos más importantes que don Mario debía tener muy en cuenta al hacer el inventario de sí mismo era precisamente su carrera militar. Por esa razón lo animamos a crear un servicio inmobiliario único que contemplara su trayectoria y sus acertadas observaciones respecto a quiénes tienen éxito en este mercado.

Cuando abordamos el tema de su «tribu», en este caso los militares, encontramos una serie de características que para él eran muy beneficiosas. Por ejemplo, en los servicios inmobiliarios es fundamental establecer una relación de confianza con el cliente, y precisamente, entre los militares, éste es un valor fundamental, ya que un militar confía muchísimo más en otro militar que en una persona de otro ámbito.

Don Mario, entusiasmado, comenzó a mencionar muchas otras características de su antigua profesión que se podían relacionar con su nueva actividad. Además, una de las claves que él había detectado en la venta de inmuebles, crear relaciones interpersonales, le resultaba mucho más fácil de desarrollar con personas del mundo militar. Asimismo, era evidente que él conocía, mejor que otros competidores del ámbito inmobiliario, las necesidades, motivaciones, sueldos, ciclos profesionales, etc., de esa tribu, así como algunos de los planes de modernización institucional que tendrían efecto en el campo de los bienes inmuebles.

Con estos elementos creó un servicio enfocado, especializado y con un posicionamiento claro: asesoría inmobiliaria para personal militar.

Desde ahí en adelante su trabajo se clarificó: le era mucho más fácil llegar a ese tipo de público que cualquier otro profesional. Era una persona relativamente conocida dentro de ese círculo y los miembros de la «tribu» comenzaron a «pasarse el dato» de quién podía asesorarlos en sus decisiones respecto a la compra, venta o arrendamiento de propiedades.

Don Mario trabajó sobre el terreno, visitando a sus potenciales clientes en sus hogares (villas militares o navales), a la salida de sus trabajos o en horarios de esparcimiento. Por su experiencia, sabía muy bien dónde encontrar a su gente.

Este enfoque permitió asimismo que empresas inmobiliarias interesadas en vender casas o apartamentos a este segmento de la población contactaran con don Mario, pues sabían que a él le resultaba más fácil llegar a este grupo de personas. En la actualidad don Mario tiene una exitosa empresa de servicios inmobiliarios, enfocada exclusivamente en atender a personas relacionadas con el ejército y la armada, pues son quienes valoran este servicio que fue creado basándose en sus reales necesidades.

• E J E R C I C I O •

CONOZCA A SU TRIBU

El inventario personal que ya ha realizado le servirá de base para hacer la siguiente tarea, cuyo objetivo es que pueda relacionar su conocimiento, su experiencia y sus talentos y pasiones con grupos humanos a los cuales podría dirigir su enfoque.

1. Haga una lista de todas las tribus a las cuales piensa que pertenece, aquellas a las que mejor conoce y con las que se relaciona. Para ello puede poner un nombre, si es que no lo tiene ya, a cada uno de los distintos grupos humanos que siente más cercanos a usted. Intente que esa lista sea lo más completa posible. Su historia personal y el inventario de sí mismo puede guiarle en esta tarea.

Es importante que revise todos los roles que tiene como persona para completar esta lista. Por ejemplo, puede que tenga hijos. Este dato le incluye en la tribu de padres, pero si especifica la edad de sus hijos, esto le lleva a concretar aún más la tribu a la que pertenece, puesto que si sus hijos son adolescentes en la actualidad su experiencia será distinta de la de los padres cuyos hijos son todavía bebés.

El pertenecer a algún club, practicar algún deporte o tener alguna afición son actividades que le incluyen en otras tribus distintas. Anote, también, si debido a su actividad actual o por cualquier otra razón se relaciona con otro tipo de personas, ya que ello le proporciona la oportunidad de conocer las características de las tribus de las que esas personas forman parte.

2. Seleccione las tres tribus de su lista que cumplen mejor los requisitos de los cuales hablamos en este capítulo: son las que mejor conoce, donde tiene una red de contactos mayor y más fuerte y las que poseen el mayor número de integrantes o tienen el poder adquisitivo más grande.

3. Escriba un informe sobre estas tribus. Investigue y detalle todas sus características. Debe especificar cuáles son los elementos más fuertes, cómo son sus estilos de vida y qué cosas motivan a sus miembros. Si existen personajes a los cuales admiran, escriba quiénes son y por qué sienten admiración por ellos. Si tienen puntos de reunión o lugares donde haya más concentración de integrantes de la tribu, anótelos. También es importante que ponga palabras clave del «idioma» que llamen la atención de la tribu.

Cuanto mayor sea el conocimiento que tenga de la tribu a la que va dirigir sus esfuerzos, más efectivos serán los enfoques que cree, así como las variaciones sobre esos enfoques y los modelos de comercialización centrados en los principales aspectos de este grupo de personas.

Por ejemplo, una persona puede que haya tenido experiencia como profesor de educación física y haya seleccionado la tribu de niños deportistas menores de diez años. Su relación con esta tribu es estrecha y su informe será bastante completo. Conocerá las características principales de ese grupo, así como sus motivaciones, los personajes que más admiran y los lugares donde suelen reunirse. Esta información será vital para crear un enfoque y un modelo de comercialización coherente con él.

6

Aprender de las energías más poderosas

Tercera fuerza combinatoria: El entorno

*Mire su entorno, aprenda de él, combine
ese conocimiento con su experiencia y tendrá
un enfoque distinto. Las oportunidades están
a su alrededor o están dentro de usted.*

**Los intangibles
son los recursos
más valiosos
de nuestra
economía**

Debido a las grandes transformaciones de la economía, el consumidor ha vivido una dinámica de cambios tan rápida que muchas empresas productoras de bienes y servicios han quedado fuera de competencia por no poder satisfacer a unos clientes cada vez más exigentes, informados y conscientes del importante papel que desempeñan en el mercado.

Los cambios de hábitos, estilos de vida, gustos y preferencias han ido transformando el panorama social, económico y cultural del mundo, obligando a las empresas a ser más flexibles, a estudiar más a sus clientes y a adecuar a la nueva realidad sus productos, sus servicios, y la forma de entregarlos, promocionarlos e, incluso, de cobrarlos.

En esta carrera han prosperado muchas industrias creativas y aplicadas que se han adelantado y han ido evolucionando junto con el consumidor. Pero también hay organismos, empresas y profesionales que no han entendido este cambio y sobreviven con dificultades o simplemente han desaparecido.

Además de los cambios en las estructuras económicas, las personas se han visto influenciadas por los rápidos cambios en la tecnología y los canales de información. La rápida implantación de la televisión por cable, la cada vez más extendida utilización de los ordenadores personales e Internet y el fácil acceso a la telefonía móvil son factores que han contribuido a la modificación de hábitos y estilos de vida.

Los cambios sociales producidos en los últimos veinte años son los más radicales que se han conocido. La incorporación de la mujer al trabajo, por ejemplo, no sólo ha tenido consecuencias en el empleo y la productividad, sino también en la familia. Hoy la mujer tiene un papel protagonista en la mayor parte de las actividades de la sociedad. Además, ha aumentado su poder de decisión como consumidora y como ciudadana.

Otro factor no menos importante en las modificaciones sociales es la pérdida de confianza en las instituciones por parte de las personas. Estudios recientes nos indican que, independientemente de cuál sea la opción política de los ciudadanos, éstos desconfían cada vez más del Estado como ente que puede solucionar sus problemas, mientras que aumenta la confianza en las propias capacidades personales para mejorar los estándares de vida. Es así como se ha impulsado la generación de nuevos emprendedores en todo el mundo como agentes de un positivo cambio de desarrollo económico y cultural.

Nuestro continente está envejeciendo. El aumento de la esperanza de vida y la baja tasa de natalidad están haciendo que nuestra población promedio sea más madura. Nos encontramos en un período de transición, estamos dejando atrás una sociedad tradicional y adentrándonos en una sociedad moderna y globalizada, con todo lo negativo y lo positivo que ello conlleva.

Por ello, es de vital importancia para el empresario seguir de cerca las tendencias y los nuevos cambios que se avecinan. Es allí donde estarán las amenazas que deberá sortear y las oportunidades que podrá aprovechar.

Algunos de los cambios sociales, económicos y culturales más relevantes en los últimos veinte años

Aumenta el poder de la mujer en la sociedad: la masa laboral femenina pasa del 22 por ciento en 1982 a más del 40 por ciento en el año 2002.

Las parejas se casan más tarde y tienen menos hijos: la tendencia muestra que cada vez hay más gente que se casa cuando tiene alrededor de los 30 años.

Familias con doble ingreso: el creciente papel de la mujer en el mundo laboral permite que las grandes inversiones familiares se financien en conjunto.

Apertura cultural a través de medios tecnológicos: los individuos adoptan con mayor rapidez modas, tendencias y estilos de vida globales.

Un emprendedor debe conocer su entorno, saber qué fuerzas mueven al mercado y cuáles son las tendencias sociales más importantes. En esa información siempre hay elementos que se pueden tomar y transferir para realizar una propuesta de negocios innovadora.

Pero no sólo las grandes tendencias sociales pueden mostrarnos oportunidades. Éstas también pueden encontrarse en cientos de detalles del entorno. Basta con informarse, conocer y observar para detectar aquello que podemos utilizar en nuestras combinaciones. Debemos desarrollar nuestro instinto para encontrar elementos que funcionan y que se puedan transferir. Existe tanta información que nos puede ser útil que precisamos de nuestro instinto y experiencia para seleccionar lo que realmente puede ser valioso para nosotros.

Hace algún tiempo una de nuestras alumnas advirtió que estábamos en un buen momento para el negocio de las agencias de empleo para personal doméstico y que ello coincidía con un tiempo en el que se hablaba mucho sobre el desarrollo de competencias laborales que estaba impulsando el gobierno. Trató de ampliar un poco más esta información y llegó a la conclusión de que el personal doméstico estaría más valorado si se certificaban sus competencias. En la actualidad nuestra alumna está impartiendo cursos de capacitación para esas personas con materias que van desde clases de cocina y protocolo hasta Internet básico. Son cursos muy baratos, pero rentables. Además, ha convencido a algunas agencias de empleo para personal doméstico de que su mejor carta de presentación es enviar a sus clientes personas cualificadas.

Esta alumna podría haber optado por seguir un camino tal vez más fácil, como poner en marcha una agencia de empleo y tratar de gestionarla mejor que la competencia. Sin embargo, fue transgresora y cambió el punto de vista. Tomó elementos de distintos orígenes y creó una propuesta innovadora, transfiriendo algo que estaba en el entorno de su enfoque.

El entorno global

El mundo del comercio exterior y de los negocios de exportación e importación está lleno de casos en que la observación y el aprendizaje del entorno llevan a un emprendedor a tomar productos, servicios e, incluso, costumbres y hábitos de una zona geográfica y transferirlos a otra. La globalización ha dejado aún más en evidencia esa posibilidad. Los medios de comunicación globales permiten que conozcamos más a otros grupos humanos y detectemos oportunidades para nuestras ideas o productos.

Un conocido emprendedor chileno se fue a Nueva York con la intención de hacer fortuna y lo consiguió. Este hombre creó una empresa internacional vendiendo maní o cacahuete confitado en carritos, un popular producto chileno que está teniendo un gran éxito en muchas ciudades del mundo, gracias a la transferencia que este empresario hizo de un simple «modelo».

Sobre este mismo tema, el de las transferencias de modelos, hablábamos un día con estudiantes de la cátedra de emprendimiento del Instituto Tecnológico de Monterrey. Medio serio medio en broma, llamamos su atención sobre el hecho de que en un programa de televisión mexicano que se ve desde hace treinta años en toda Sudamérica se anuncia un tipo de sándwich típico que, sin embargo, sólo se encuentra en México. Se trata de las famosas tortas de jamón. De hecho, nosotros mismos, una de las primeras cosas que quisimos hacer al llegar por primera vez a Ciudad de México fue disfrutar de esas famosas tortas (lo cual hicimos con gran satisfacción). Preguntamos a los alumnos si creían que sería difícil seguir el ejemplo del cacahuete confitado y exportar las tortas. Después de treinta años de publicidad, dijimos, era evidente que los consumidores conocían bien el producto, y si a eso se le sumaba el auge de las franquicias de comida rápida, se podía afirmar con toda seguridad que las tortas de jamón tenían el terreno muy bien abonado y podían ser todo un éxito en un mercado de nada menos que cuatrocientos millones de personas.

La respuesta fue unánime. Lo único que hacía falta era que alguien se diera cuenta de ello. Creo que después de esa charla tendremos a algunos emprendedores mexicanos haciendo propuestas para crear una franquicia internacional de tortas de jamón.

Mire su entorno, aprenda de él, combine ese conocimiento con su experiencia y tendrá un enfoque distinto. Las oportunidades están a su alrededor o están dentro de usted. Como decían nuestros amigos de México, sólo necesita darse cuenta de ello.

• E J E R C I C I O •

Este trabajo tiene por objetivo ejercitar su capacidad de detectar elementos útiles para su propuesta de negocio, teniendo en cuenta la información que le proporciona su entorno.

Escriba los principales cambios que usted cree que están afectando a la sociedad. Busque información referente al cambio que más llame su atención. Deje que su instinto lo guíe.

Focalice su atención en algún aspecto de la información que ha encontrado y deduzca qué necesidades se pueden estar creando como consecuencia del cambio.

Por ejemplo, si usted presta atención al hecho de que la población de muchos países del mundo está envejeciendo porque la esperanza de vida aumenta y la tasa de natalidad baja, fácilmente llegará a la conclusión de que el grupo de personas ancianas cada vez es más grande y que, por lo tanto, hay mayores oportunidades para productos y servicios enfocados en esa tribu.

En este punto, podría recabar información en Internet respecto a qué productos y servicios especializados en ese grupo humano ya se han creado en otros países. Tal vez podría existir una oportunidad para transferir alguno de esos productos o servicios a su zona geográfica o para crear su propia propuesta basándose en lo que ha aprendido.

Recuerde, esta búsqueda siempre estará determinada por su particular visión del mundo, su experiencia y sus conocimientos. Esos factores internos son los que le guiarán para encontrar en el entorno los elementos más útiles para sus fines.

• E J E R C I C I O   D E   S Í N T E S I S •

Hasta ahora usted ha realizado tres ejercicios:

1. Un resumen de su inventario personal.
2. Un informe detallado de las tribus que mejor conoce o con las que se relaciona.
3. Un resumen sobre factores externos que podrían significar oportunidades.

Trabaje con esos documentos.

Combine transgresoramente: observe los tres documentos que ha creado y haga asociaciones libres con los elementos de todos ellos.

Ordene sus ideas: identifique las asociaciones que más llamen su atención. Haga una lista con las combinaciones que le parecen más sugerentes.

Analice sus combinaciones: revise su lista y pregúntese a qué tipo de personas podría interesarles determinado concepto. Si usted encuentra elementos interesantes en una tribu o en el entorno, pregúntese qué necesita esa tribu que usted pueda ofrecerle, o cómo puede adaptar determinada tendencia a la tribu que más le interesa.

Elija un concepto y desarróllelo: seleccione uno de los posibles enfoques y argumente cuáles son las oportunidades que representa el desarrollar una empresa en torno a él.

Haga un resumen ejecutivo de su enfoque tal como se muestra en los siguientes ejemplos.

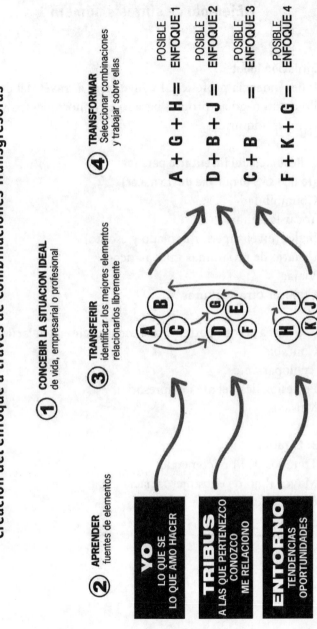

R E S U M E N

Creación del enfoque a través de Combinaciones Transgresoras

② APRENDER
fuentes de elementos

① CONCEBIR LA SITUACION IDEAL
de vida, empresarial o profesional

③ TRANSFERIR
identificar los mejores elementos
relacionarlos libremente

④ TRANSFORMAR
Seleccionar combinaciones
y trabajar sobre ellas

A + G + H = POSIBLE ENFOQUE 1

D + B + J = POSIBLE ENFOQUE 2

C + B = POSIBLE ENFOQUE 3

F + K + G = POSIBLE ENFOQUE 4

YO
LO QUE SE
LO QUE AMO HACER

TRIBUS
A LAS QUE PERTENEZCO
CONOZCO
ME RELACIONO

ENTORNO
TENDENCIAS
OPORTUNIDADES

Ejemplo de síntesis número 1

Situación ideal
Independencia profesional y financiera a través del desarrollo de un negocio propio, basado en conocimientos y experiencias adquiridas.

1. Resumen del inventario personal
(lo que sé y lo que me gusta hacer)
Contabilidad
Tocar la guitarra
Inglés (nivel superior hablado y escrito)
Usuario de programas informáticos
Viajar
Conocer otras culturas

2. Tribus a las que pertenezco o con la cuales me relaciono
Contables
Angloparlantes
Profesionales del área empresarial
Músicos

3. Entorno
Tratados de libre comercio
Mayor flujo de extranjeros hacia el país
Globalización

Resultado

Resumen ejecutivo de la empresa Accounting Service

Enfoque
Contabilidad + inglés =
Servicios contables y financieros especializados para personas de habla inglesa.

Tribu
Profesionales angloparlantes. Personas que llegan al país para desarrollar actividades lucrativas.

Entorno
La creciente globalización de la economía y la apertura de nuestro país gracias a los tratados de libre comercio han significado un importante aumento del flujo de extranjeros que llegan para prestar diversos servicios profesionales.

Oportunidad: estas personas requieren un tipo de asesoría financiera, contable y tributaria especializada y enfocada en sus particulares necesidades como extranjeros, especialmente en relación con el dominio de su idioma. Las fortalezas personales del gestor del negocio están precisamente en el dominio del idioma inglés, la facilidad para entablar relaciones interpersonales, especialmente con personas de otras culturas, y sus amplios conocimientos profesionales en los temas contables y tributarios. Lo anterior permite ofrecer asesoría en su idioma materno a los clientes que requieran sus servicios. La tarea será consolidar una red de contactos dentro de esta tribu, para lo cual se prevé visitas a embajadas, consulados, universidades y empresas.

129

Ejemplo de síntesis número 2

Situación ideal
Creación de un negocio que me permita tener tiempo y dinero para cursar una carrera universitaria en horario nocturno.

1. Resumen del inventario personal (lo que sé y lo que me gusta hacer)
Montaje y configuración de ordenadores
Tecnología
Juegos en línea
Ventas
Participar en comunidades de Internet
Música rock

2. Tribus a las que pertenezco o con las cuales me relaciono
Aficionados a los juegos de ordenador
Especialistas en *hardware*
Dueños de ordenadores que contratan mis servicios
Emprendedores
Amantes del rock

3. Entorno
Crecimiento en las ventas de ordenadores
Mayor valorización de Internet y medios tecnológicos
Los aficionados a los juegos en línea invierten más en sus ordenadores que un usuario promedio

Resultado

Resumen ejecutivo de la empresa Expert Game PC, Computadores Personalizados para Jugadores Expertos

Enfoque

Montaje de ordenadores + pasión por los juegos en línea = Asesoría y venta de ordenadores montados y configurados especialmente para videojuegos.

Tribu

Aficionados a los juegos de ordenador.

Entorno

Los juegos de ordenadores cada vez son más sofisticados y en muchas ocasiones requieren de equipos «reforzados» para que el usuario pueda jugar cómodamente.

Los jugadores han creado verdaderas comunidades y siempre están atentos a los datos y la información que les permitan optimizar sus equipos.

Oportunidad: los aficionados a los juegos de ordenador no compran equipos baratos. Al contrario, prefieren invertir más para tener máquinas que les permitan desarrollar sus habilidades. He revisado varios casos de empresas de informática que han llegado a tener éxito especializando sus productos en tribus muy pequeñas, pero con un gran poder adquisitivo. Mi pasión por el tema me ha llevado a tener un conocimiento avanzado sobre la configuración de equipos para juegos, por lo cual mi empresa puede brindar una asesoría muy enfocada en este ámbito. Mi objetivo será posicionarme como el proveedor de los «jugadores expertos», lo cual llamará la atención de todos los que están vinculados a esta comunidad.

• C A S O •

El hermano abogado

Patricia, una alumna a la que estábamos asesorando en un proyecto, se nos acercó un día y nos habló algo preocupada de su hermano.

Nos contó que se había licenciado en derecho hacía un año, que ya tenía un empleo, pero que no lo veía satisfecho, que le parecía algo frustrado, pues él le había confesado que sentía que estaba entrando en un tipo de vida que no le permitiría desarrollarse como deseaba. Nuestra alumna nos contó que su hermano era un joven de espíritu inquieto, que había sido un excelente alumno durante todas las etapas de su educación y que siempre había mostrado talento para el teatro. Sin embargo, la tradición más bien conservadora de su familia lo llevó a optar por la carrera de derecho. De todos modos esa carrera le gustaba bastante, pues él creía que le permitiría ayudar a las personas, algo que siempre había querido hacer.

El sueño de Andrés, como llamaremos al hermano de nuestra alumna, cambió, y en lugar de soñar con ser un actor de éxito, se puso a trabajar para convertirse en un abogado de éxito. Un profesional destacado que ganaría el suficiente dinero para vivir bastante bien, disfrutar de la vida, desarrollarse y ayudar a personas que necesitaran asistencia legal, pero que no tuvieran dinero para contratar un abogado. Tenía en su mente las imágenes de abogados de renombre que él admiraba y que esperaba poder emular.

Lo habían contratado en un bufete de abogados y ganaba una suma de dinero que estaba bastante acorde con el mercado. Es decir, su renta se ajustaba a un profesional de su experiencia.

Aun así, no se sentía satisfecho.

Le confesó a su hermana que, aunque su trabajo no le disgustaba, tenía la sensación de que el tiempo se le escapaba de las manos. Le resultaba difícil continuar especializándose y además creía que debía financiarse él mismo sus proyectos personales. Sus amigos, con quienes había compartido estos pensamientos, le decían que no podía pretender resultados tan pronto, que todo vendría con el tiempo y que lo único que podía hacer era trabajar con disciplina y dedicación.

También pidió consejo a quien consideraba su mentor, un destacado abogado y profesor de la universidad donde había estudiado. Él le señaló que estaba en un buen camino, que ésa era la mejor manera de forjarse un futuro: ganar experiencia trabajando para otros durante algunos años y luego intentar independizarse y tener una cartera de clientes. También le recomendó que buscara ser contratado para dar algunas clases en la universidad. Según este profesor, ése era el camino para que en unos diez o quince años Andrés pudiese tener cierta estabilidad económica y cierto reconocimiento. «¿Te das cuenta? —le preguntó a su hermana—. Quince años más. Quince años siguiendo un camino que tal vez, sólo tal vez, me permita conseguir lo que quiero.»

Patricia nos pidió consejo para su hermano, pues creía que nuestra orientación permitía a las personas y a las empresas encontrar nuevos enfoques, atajos absolutamente válidos para lograr resultados a corto plazo.

La cadena de objetivos

Le pedimos a Patricia que, teniendo en cuenta los conocimientos que había adquirido en nuestro curso, nos dijera cuál creía ella que sería un atajo válido para su hermano.

Contestó que pensaba que la situación ideal para Andrés sería ejercer de forma independiente. El problema, o la tarea más importante, era conseguir una cantidad de clientes que le permitiera contar con unos buenos ingresos. Esto también le daría mayor libertad en la administración de su tiempo.

De inmediato señaló que esa meta era difícil, puesto que la competencia era feroz y, dada su poca experiencia profesional, tenía pocas ventajas que ofrecer al mercado.

Pusimos en el papel algunos puntos de la conversación a modo de objetivos de trabajo:

1. **Ejercicio independiente de la profesión.**
2. **Una buena cartera de clientes.**
3. **Buenos ingresos.**
4. **Mayor libertad para administrar su tiempo.**
5. **Posibilidad de ayudar a las personas.**

Estuvimos de acuerdo en que el cumplimiento del objetivo número dos desencadenaría el éxito en todos los demás puntos, por lo tanto había que construir algo que apuntara hacia ese objetivo. Ese plan debía construirse sobre las fortalezas de Andrés. Aquellos aspectos de su vida, su formación y sus talentos que, combinados, dieran como resultado un tipo de servicio profesional poco comparable con el que ofrece la mayoría de los abogados.

Acordamos una reunión con su hermano y le pedimos que escribiera un «inventario de sí mismo» como el que habíamos realizado en clase.

A la mañana siguiente nos reunimos con Andrés y Patricia. El joven abogado parecía una persona bastante dinámica. Su cara denotaba curiosidad por conocer algo que pudiese darle un mayor impulso a su carrera.

Andrés nos entregó la hoja donde estaba su «inventario», y nos llamaron poderosamente la atención las siguientes frases:

1. Me gusta el teatro desde que era pequeño, pero sólo he podido subir a un escenario en un par de ocasiones.
2. Creo que tengo talento para explicar de manera sencilla cosas que son complejas.
3. Me apasiona estudiar todo lo referente a las nuevas leyes.
4. Me gusta ayudar profesionalmente a personas que lo necesitan.
5. No me gusta litigar. No me gustan los enfrentamientos ni las peleas, aun cuando en mi carrera esto pueda ser una contradicción.

Con sólo leer este inventario nos dimos cuenta de que el Método EDI ya estaba funcionando.

—**Tenemos un objetivo claro del cual dependen todos tus otros objetivos** —le dijimos a Andrés—. Ese objetivo es atraer clientes, muchos clientes. ¿Cómo crees tú que podemos lograrlo?

—Con publicidad, entrevistas y a través de contactos —respondió.

—Olvídate de todo eso —le dijimos—. No hay tiempo, ni dinero para ello, y tampoco tienes los suficientes contactos. Además, si te planteas «jugar» de la manera convencional, tendrás muchos aspectos en tu contra. Tenemos que construir sobre lo que tienes, no sobre lo que te falta.

La clave del Método EDI es «crear un juego», nuestro propio juego: **experimentar y producir algo ÚNICO, diseñado y construido con los materiales que tenemos a mano**.

Le pasamos un papel donde estaban escritos los puntos más importantes de un plan comercial EDI para que lo leyera en voz alta:

Crear un enfoque basándome en «mi inventario».
Atraer a un tipo de personas a través de ese enfoque.
Encantar a ese tipo de personas (experiencia única).

Rentabilizar esa experiencia.
Hacer que esas personas traigan a más personas como ellas.

Luego destacamos algunas de las palabras de su inventario para que él mismo comenzara a construir algo nuevo, algo transgresor. Una nueva forma de ejercer el derecho:

1. Me gusta el teatro desde que era pequeño, pero sólo he podido **subir a un escenario** en un par de ocasiones.
2. Creo que tengo talento **para explicar de manera sencilla** cosas que son complejas.
3. Me apasiona estudiar todo lo referente a las **nuevas leyes**.
4. Me gusta ayudar profesionalmente a **quienes lo necesitan.**

«Subir al escenario para explicar de manera sencilla nuevas leyes a quienes lo necesitan.»

—¿Te das cuenta con qué claridad escribiste tu enfoque? —le preguntamos—. Frases que, al parecer, no tenían mucha relación, al unirlas nos revelan tu fortaleza, tu pasión y tu talento. Al unir esos elementos se crea algo nuevo. ¿Te gustaría subir a un escenario y hablar a ciudadanos normales y corrientes de las nuevas leyes que afectarán a sus vidas? Si es así, tu enfoque podría llamarse: «Charlas y conferencias legales para el ciudadano normal». Habría que pulir el nombre, pero ésa es la esencia. ¿Qué te parece?

—El solo hecho de escuchar esa idea ya me transporta a ese escenario, a compartir con esa gente lo que he aprendido —respondió con entusiasmo—. Pero ¿qué puedo hacer para tener público en mis charlas?

—Vamos a dejar esta sesión aquí —le dijimos—. Nos reuniremos de nuevo la próxima semana. Como tarea, debes meditar sobre este enfoque y recopilar toda la información que creas que puede tener relación con él.

La semana siguiente Andrés apareció con cuadernos llenos de anotaciones, recortes de prensa y páginas impresas de Internet.

—Intuí —nos dijo— que lo que hablamos en la reunión anterior debía ser el elemento estable de mi enfoque y que tenía que trabajar los contenidos, es decir, los diversos temas que podía tratar en mis charlas. Y me ha parecido interesante, como primer tema, la nueva ley de divorcio, pues es algo que afecta a miles de familias y de lo cual las personas tienen poca información.

Nos sorprendió gratamente la actitud de Andrés, pues para elegir su primer contenido se valió de otra de sus pasiones: la investigación.

—Debo señalar —continuó— que en Chile se ha aprobado hace muy poco la ley de divorcio, lo cual va a permitir regularizar, por decirlo de alguna manera, la situación de muchas familias que se veían obligadas a utilizar perversos resquicios legales para anular sus matrimonios (jurídicamente, anulación no es lo mismo que divorcio). De acuerdo con los pasos básicos del plan EDI —continuó Andrés—, hasta aquí tengo claro que mi primer trabajo será dar charlas sobre la nueva ley de matrimonio civil, la cual contempla el divorcio, y que mi tribu serán los llamados «separados de hecho» o «en vías de separación». También tengo claro que mi misión en estas conferencias no es convencer a la gente de nada, sino explicarles cómo funciona la ley y cómo les puede afectar positiva o negativamente. Pero ahora —dijo— me gustaría saber cómo podré atraer a esas personas a mis charlas, cómo lograré ganar dinero con esto. Además, me preocupa mi falta de experiencia, sólo llevo un año ejerciendo como abogado y creo que hay cientos de personas más capacitadas que yo para dar conferencias de este tipo.

—¿Tienes miedo? ¿Te asusta hablar en público? —preguntamos. Movió la cabeza negativamente—. Entonces descarta el tema de tu supuesta inexperiencia. La experiencia o inexperiencia siempre es relativa: en materia de leyes, efectivamente eres inexperto frente a un juez, pero ¿eres inexperto ante un médico, un profesor de matemáticas o un publicista? Esto significa que la claridad de tu enfoque también describe aspectos importantes de tu tribu: son personas que no tienen formación legal, no tienen conocimientos de derecho. Que yo sepa, tú estudiaste más de cinco años estos temas y sigues investigando sobre ellos. Tienes una red de contactos que te nutren de información, que te ayudan en tus análisis. O sea, posees todos los elementos para entender perfectamente cómo funciona la ley de divorcio y cómo va afectar a la vida de las personas.

La preocupación de Andrés sobre su inexperiencia era comprensible. Nos ocurre a todos siempre que nos enfrentamos a una gran oportunidad, a algo que puede cambiar nuestra vida. Sentimos que no merecemos algo así. Pensamos: «Esto es demasiado bueno para mí, hay otros con más méritos que yo que podrían aprovecharlo». Debemos desterrar este tipo de pensamientos. El miedo al éxito es algo que está profundamente arraigado en nuestro interior.

—¿Cuánto ganas actualmente y cuántas horas trabajas? —le preguntamos a Andrés.

Respondió que ganaba unos 700 dólares al mes y que trabajaba ocho horas diarias y a veces más, según la cantidad de trabajo que hubiese en su oficina.

—Para comenzar, ¿qué te parecería ganar igualmente setecientos dólares, pero trabajando tres horas al mes?

Nos miró como si estuviéramos locos y dijo:

—Sería genial, pero no creo que sea posible.

—Por supuesto que no es posible si sigues ejerciendo tu carrera de manera tradicional. Lo que estamos haciendo es un plan para obtener rendimientos extraordinarios... y es absolutamente posible. No es magia, es un diseño de carrera, un diseño distinto, lógico, ético y estético... Veamos, ¿cuánto cobra normalmente un abogado por una consulta?

—Unos cien dólares —respondió Andrés.

—Muy bien. Supongamos que cobras treinta dólares por persona para entrar en tu charla, y que ésta dura unas tres horas. En ese caso, para ganar unos setecientos dólares, y suponiendo que tenemos unos gastos de doscientos dólares, al menos deberían asistir unas treinta personas a tu conferencia mensual. ¿Te parece difícil reunir a treinta personas cada mes, sabiendo que existen miles que necesitan información clara respecto al divorcio?

—No, no me parece complicado. Y el precio de entrada a la charla me parece adecuado si lo comparo con lo que cuesta una consulta particular. Además, si me concentro en este trabajo, tendré bastante tiempo disponible para contactar con personas interesadas e inventar formas de difundir mis conferencias.

—Ahora bien, si logramos reunir y encantar a esas personas, ¿qué posibilidades hay de que algunas de ellas contraten tus servicios profesionales? Y si realmente les gustaste, ¿cuántas te recomendarán a sus amigos y conocidos que están en una situación parecida...?

—¡Es todo redondo! —nos interrumpió Andrés—. ¡Es un círculo virtuoso!

Continuamos afinando su plan EDI durante un par de semanas más, hasta que acordamos que era el momento de ejecutarlo.

En los siguientes dos meses, Andrés nos llamó y nos contó que había realizado cuatro conferencias con más de treinta personas cada una, lo cual le había reportado más de 2.800 dólares en total. Además, había doce clientes gracias a estas charlas y estaba pensando en asociarse con un colega para que él atendiera los casos. De este modo Andrés seguiría centrado en las conferencias.

Profesional y económicamente, no estaba nada mal para un abogado con un año de experiencia.

Estamos seguros de que Andrés seguirá trabajando para mejorar su enfoque y promocionándose en una carrera profesional que él diseñó para sí mismo.

Resumen del plan EDI de Andrés

Enfoque
«Charlas y conferencia legales para el ciudadano común.»

Tribu
Personas sin formación en derecho, pero que necesitan información sobre leyes que las afectan.

En el caso de la ley de divorcio: separados de hecho o personas en vías de separación.

Atraer a ese tipo de personas
Pequeños anuncios de prensa. Carteles informativos en sitios clave como cibercafés, pubs frecuentados por mayores de treinta y cinco años, etc. Sitio web propio con pequeños artículos sobre el tema e información respecto de las conferencias.

Encantar a ese tipo de personas
Charlas en lenguaje muy fácil de comprender, centradas en las mayores preocupaciones de la tribu: hijos, bienes, situación legal, trámites, asesorías, etc.

Entrega de material impreso sobre las cuestiones más importantes de la charla. Diagramas de cómo funciona el sistema judicial con respecto al divorcio e información sobre los organismos que pueden asesorar con mayor profundidad en algunos casos en particular.

7

¡Combinaciones transgresoras!

La combinación es la fuerza creadora.
Todo aquello que se combina se transforma
en algo nuevo, distinto y único.

Creatividad transgresora

La personalidad creadora,
en lugar de tener cautela,
miedos o mecanismos de defensa
que alivien la ansiedad,
es fuerte y tiene el coraje para
dejarse atraer por el misterio,
lo no familiar, lo novedoso,
lo ambiguo y contradictorio,
lo inhabitual e inesperado.

ABRAHAM MASLOW
La personalidad creadora

Recordamos algunos cursos sobre creatividad empresarial donde se ponía a los asistentes en situaciones que los obligaban a usar su ingenio para poder solucionar problemas. Así, por ejemplo, la persona podía tener como objetivo beber un poco de agua, pero para ello no debía usar ni vasos, ni tazas, ni ningún objeto que comúnmente se utiliza para beber.

En esos casos, obviamente la creatividad comienza a fluir, pues hay una necesidad que satisfacer. La necesidad ya existe y debemos encontrar la forma más eficiente de lograr el objetivo que ella impone.

Esto, en realidad, es muy bueno para ejercitar una parte de la creatividad, especialmente para un empresario que debe estar atento a las necesidades que ya existen en el mercado y buscar una nueva forma de satisfacerlas.

El poner el objetivo y luego crear el camino para lograrlo es una forma sumamente útil de entrenamiento. Sin embargo, a nuestro juicio, éste debe ser complementado con el desarrollo de otro tipo de creatividad: **la creatividad transgresora.**

Existe la creatividad artística, que es eminentemente expresiva y trabaja en un plano abstracto, uniendo cosas que a nadie se le había ocurrido combinar, cambiando el orden de los factores, plasmando la realidad de una manera en extremo personal, individual y subjetiva.

Esta creatividad no se ciñe a objetivos o necesidades concretas. El verdadero artista no se pregunta: «¿A qué mercado voy a impactar?» El artista crea su obra por el placer que le provoca, por la necesidad interior que tiene de expresarse y, una vez que lo hace, vienen los admiradores y los detractores... y en muchos casos, incluso, no viene nadie.

Por otra parte, está la creatividad científica, aquella que observa la realidad, compara distintas ideas y conceptos para crear otros nuevos. La ciencia plantea hipótesis y formula respuestas basándose en ellas, sirviéndose de los datos recogidos para validar sus conclusiones y propuestas.

De la unión de ambas, podríamos decir que nace la creatividad tecnológica, que busca a través de lo que existe crear cosas que no existen.

La historia de los avances tecnológicos de nuestra civilización nos muestra que la mayor parte de los inventos que han revolucionado nuestra forma de vida son producto de una combinación de la visión artística y científica. Como dice J.B. Shaw, el hombre común se pregunta «¿por qué?» y el hombre creador se pregunta «¿y por qué no?» Ésa es la actitud de un inventor, de quien permanentemente se está preguntando «¿qué pasaría si...?», «veamos qué sucede si...» Por esta vía, la creación es el resultado de unir artefactos que ya existen o de darles un uso distinto para el cual fueron creados.

La aspiradora eléctrica, por ejemplo, fue inventada por un señor que unió el motor de una máquina de coser, que tenía poder de succión, a una bolsa, y esta bolsa a una vara. El secador de manos eléctrico fue inventado por alguien que le dio una nueva utilidad al secador de cabello. Un químico observó que el mecanismo de adherencia que tenían las plantas que se pegaban a su ropa en sus excursiones podría ser útil. Lo copió en el laboratorio y nació el velcro.

**La aspiradora eléctrica, por ejemplo,
fue inventada por un señor que unió el motor
de una máquina de coser, que tenía poder de succión,
a una bolsa, y esta bolsa a una vara.**

La unión de todas esas formas de creación es lo que nosotros llamamos creatividad transgresora. Una creatividad que es absolutamente necesaria en el mundo de los negocios y de las organizaciones de nuestro siglo. Transgresora, porque no está sujeta a paradigmas ni a modelos comúnmente aceptados y para ella nada es descartable. Todo puede servir, todo puede ser parte o pieza de algo nuevo, de algo nunca visto, de algo que nos asombre y produzca cambios positivos.

No sólo necesitamos que esta creatividad sin prejuicios opere en el mundo concreto, sino también, y especialmente, en el de los intangibles, el de las ideas y conceptos, pues es allí donde se están produciendo las mayores revoluciones. Si queremos tener la oportunidad de competir en ese plano, debemos apresurarnos y convertirnos en lo que William Gibson, creador del término *ciberespacio*, llama **manufacturas de conceptos.**

El poder creativo de las combinaciones
$H_2 + O$ = agua

Uno de los poderes más maravillosos que opera en la naturaleza es el de la creación a través de combinaciones. Toda creación es el resultado de la combinación de elementos o de fuerzas.

Asimismo, en nuestra civilización, todos los avances culturales, científicos tecnológicos o sociales son producto de la combinación transgresora de conocimientos de las más diversas fuentes.

Mestizaje, transgenia, transmutación, transfusión... ¿Le suenan familiares esas palabras?

En un mundo lleno de confusión y de incertidumbre, tal vez nos ayude saber que lo único constante es el cambio, y que la velocidad a la que se produce seguirá aumentando de manera exponencial. Las combinaciones que han dado origen a nuevos conocimientos, nuevos avances y nuevas experiencias se vuelven a combinar una y otra vez. Los resultados se multiplican por sí mismos hasta el infinito, hasta más allá de nuestra imaginación.

Los artefactos e ideas que se producen gracias a las nuevas combinaciones no tienen una sino cientos de aplicaciones, amplificando enormemente su campo de acción. Así, hoy, un empresario podría estar tomando conceptos provenientes de la biotecnología para aplicarlos en sus procesos contables. ¿Le parece descabellado? No lo crea tan alejado de la realidad. Sin ir más lejos, la representación por gráficos que hoy nos facilita entender estadísticas que van desde la presión arterial de una persona hasta el avance educacional de los niños fue tomada de un esquema realizado por un comerciante que dibujaba cada día cuántas monedas tenía en su caja al finalizar sus ventas.

Combinaciones transgresoras

Usted mismo en este momento se puede convertir en un creador. Es más, lo instamos a que lo sea. Es la única forma de competir y triunfar hoy en día.

Nuestro éxito no se construye trabajando sobre nuestras debilidades, sino sobre nuestras fortalezas, sobre nuestras pasiones, nuestros talentos y nuestras virtudes. La única forma de ser excelentes es amar apasionadamente lo que hacemos. De algún modo divino, aquello que más amamos se convertirá en lo que mejor hacemos.

No hay tiempo para corregir cada detalle, para convertir en fortaleza cada una de nuestras debilidades... Las claves de nuestro éxito, de nuestra felicidad, están ya en cada uno de nosotros. En nuestros talentos, nuestras experiencias. En cada una de las cosas que hemos aprendido de la vida y en nuestra particular forma de ser. El secreto, el gran secreto de todo esto es COMBINAR. Combinar, combinar y combinar, una y otra vez, todos los elementos que están dentro de nosotros.

Combinar de manera transgresora. Combinar para obtener resultados inesperados, sorprendentes y fantásticos. Combinar conocimientos con pasatiempos, con creencias, con valores, con objetivos y con emociones. Sólo combinando lo que nunca se ha combinado se pueden esperar rendimientos excepcionales.

Ahora usted es el alquimista. Usted tiene los elementos más preciados para ensayar su propia piedra filosofal. Cualquier ingrediente que falte está a su alcance, cualquier conocimiento que necesite lo puede conseguir.

Tome sus experiencias, tome su carrera, tome todo lo que sabe y déle un nuevo uso.

Tome ideas o artefactos, combínelos y tendrá algo absolutamente nuevo.

Tome un producto o un servicio que sirve para algo y déle una utilidad totalmente nueva.

Confíe en las combinaciones transgresoras, porque sólo a través de ellas podemos esperar lo inesperado. Sólo a través de esas combinaciones podemos crear algo verdaderamente único, algo que tenga reales posibilidades de éxito.

¿Quién iba a pensar que un respetado médico se vestiría de payaso y crearía una organización humanitaria con esa imagen? Pues eso es lo que hizo Patch Adams, que hoy lidera una de las causas más bellas, con socios y voluntarios en todo el mundo. Los miembros de la organización de Adams se dedican a sanar a niños enfermos, pero no sólo físicamente, sino también espiritualmente, a través de la risa. ¿Qué puede ser esto sino una combinación transgresora?

¿Quién iba a pensar que un respetado médico se vestiría de payaso y crearía una organización humanitaria con esa imagen?

¿Qué es Harley Davison? Una combinación transgresora entre un vehículo de dos ruedas y las ansias de libertad de las personas que lo conducen.

En ambos casos, usted no puede separar las partes para entender el todo. La combinación es el producto, la combinación es el concepto... y, hoy, eso lo es todo.

Los artistas se sirven de los medios tecnológicos para sus creaciones. Importantes cadenas de hoteles adoptan el *feng shui* en sus remodelaciones.

Actualmente, nuestro mundo está mucho más abierto a las combinaciones transgresoras. Cuando la línea que separa el arte de la ciencia y lo occidental de lo oriental se torna cada vez más tenue, las combinaciones se producen de manera casi natural.

No importa en qué ámbito esté usted, no importa de dónde provengan las ideas, usted podrá crear algo realmente valioso si se atreve a combinar. Si es capaz de conectar su lado empresarial con su lado artístico. No piense que esto es sólo para pintores o músicos. Todos tenemos una sensibilidad, un olfato y un sexto sentido que nos guía. La clave está en probar, combinar y ensayar, una y otra vez, hasta encontrar la fórmula, nuestra propia fórmula.

Esa fórmula será exitosa cuando el mercado tenga noticia de ella y se dé cuenta de su novedad, la pruebe y quede encantado por su creación. Sólo en ese momento podremos confirmar que para esa fórmula hay demanda.

• C A S O •

CREAR DEMANDA, UN JUEGO DE NIÑOS

*El sueño dorado de todo empresario
es que su negocio tenga muchos,
pero muchos clientes.*

En un programa solidario de formación empresarial para jóvenes con escasos recursos que dictamos junto a un organismo dependiente de la Iglesia católica, tuvimos la oportunidad de presenciar una de las más notables experiencias de creación mediante estrategias no convencionales.

Fue un programa muy intenso, pues una de las primeras tareas era sacar a esos jóvenes de la desesperanza, potenciar su autoestima, tan herida en sus casos, y eliminar la desconfianza que les inspirábamos por suponernos personas muy alejadas de su realidad. Después de esa labor, podríamos hablar de temas como creatividad, comercialización, rentabilidad, éxito, etc.

En la segunda etapa del programa, cada participante debía presentar un proyecto de creación de un nuevo producto o servicio que cumpliera con las condiciones que habíamos planteado en cuanto a enfoque, tribu, inventario de sí mismo, etc.

Hubo varios proyectos sorprendentes, como el de una chica de dieciséis años que visualizó un enorme potencial en la confección y venta de vestuario para bailes religiosos, algo que practicaba junto a su familia. Éste era un ámbito desconocido para nosotros, pero gracias a ella entendimos que aquél era un proyecto con dimensiones, incluso, internacionales.

Sin embargo, el proyecto que más llamó la atención fue el de Nelson.

Nelson era un joven de casi diecisiete años que aspiraba a llegar a la universidad, pero dada su condición económica no tenía muchas esperanzas de lograrlo, a pesar de los diversos programas de ayuda y créditos fiscales con que se podía beneficiar.

De hecho, no era un alumno sobresaliente o que tuviera altos rendimientos en alguna disciplina, lo que le habría hecho merecedor de alguna beca. Además su problema iba mucho más allá, puesto que en el horizonte cercano tenía la responsabilidad de generar algunos ingresos para ayudar a su familia.

Dentro de su inventario personal había consignado que uno de sus grandes tesoros era un acuario con peces de colores, una de las pocas cosas materiales de las que podía disfrutar. Era tanta su pasión por sus peces que les dedicó varias líneas. En ellas contaba que su acuario era relativamente grande y que los pocos ingresos que tenía los invertía en cuidar lo mejor posible a sus mascotas. Sabía bastante de peces y había logrado que se reprodujeran.

En la reunión de presentación nos contó, además, que otros aficionados le regalaban utensilios para el acuario y lo asesoraban para que sus peces estuvieran sanos y hermosos.

La verdad era que a sus diecisiete años, salvo los peces y sus ganas de ir a la universidad, Nelson no tenía mucho más que poner en su inventario personal. Sin embargo, nos llevamos una gran sorpresa cuando presentó su proyecto de negocio: «Alimento y cuidado para peces a domicilio».

Las combinaciones transgresoras, en este caso, no tenían que ver con el producto o el servicio que iba a ofrecer la empresa de Nelson, sino con su comercialización, que empezaba con la creación de la demanda.

El muchacho comenzó su exposición diciendo: «He aprendido en este curso que un producto es un concepto y que ese concepto abarca también la forma cómo se vende o cómo se entrega. Todos o algunos de esos factores pueden hacer que un producto o servicio se convierta en único, que es lo que buscamos nosotros. Por mi experiencia en la crianza de peces tropicales sé que, por una parte, la alimentación supone un gasto importante y que, por otra parte, como son criaturas muy delicadas, hay que ser muy cuidadoso con ellos. También sé por experiencia propia lo que significa para un niño poseer una mascota tan bella como un pez y tener la responsabilidad a esa edad de un ser tan frágil, que depende de sus cuidados y atenciones. Por ello, he decidido que mi empresa venderá alimentos para peces a domicilio. Como este tipo de alimento se vende a granel, yo lo envasaré y le pondré una etiqueta mía».

El plan estratégico

«Podrían ser varias las tribus a las cuales enfocar mi empresa. Una de ellas podría ser la de los amantes de los peces en general, sin embargo, he elegido específicamente la de los niños, lo cual tiene que ver con mi estrategia. Si voy a ofrecer un servicio a domicilio mi mayor esfuerzo será contactar con quienes tengan acuarios, así que al realizar mi plan estratégico vi que mi situación ideal sería tener una lista de nombres, direcciones y teléfonos de muchas personas que tuvieran peces como mascotas. Esa visualización me hizo recordar que uno de los profesores comentó que empresas que fabrican juegos de vídeo como Nintendo o impresoras venden los equipos a un precio bastante asequible, porque saben que las mayores ganancias las consiguen con la venta de insumos, los juegos o cartuchos de tinta, por ejemplo. Aprendí un poco de este tipo de empresas y decidí transferir la información a mi negocio.

»Voy a crear la demanda de mi servicio regalando pequeños acuarios con un pez a niños de entre cinco y ocho años de los colegios que voy a visitar. He confeccionado un pequeño folleto para fotocopiar con argumentos de por qué es bueno que un niño adopte un pez y se haga responsable de cuidarlo. Esto, con el fin de que sus padres acepten de buen grado este regalo. Además, el folleto contiene información sobre el pez, las normas básicas para cuidarlo, qué tipo de alimentos necesita y... dónde pueden conseguir esos alimentos. Es decir, mi teléfono.

»Mi idea es contactar con los niños y sus padres a la salida de los colegios, hacer que acepten el regalo y decirles que yo les puedo proveer de lo necesario para su nueva mascota. De esta forma me darán sus datos y yo, periódicamente, iré a sus casas para venderles mis productos, que no tienen por qué ser sólo alimentos; puedo ofrecerles muchas más cosas.

»Mientras más peces regale más clientes tendré. Por ello, ya he hablado con otros amigos que pueden proveerme de peces, pues estoy seguro de que necesitaré muchos.»

Este joven emprendedor fue capaz de plasmar en un pequeño documento todos los principios que habíamos compartido con él y sus compañeros en relación con crear un servicio único realizando combinaciones poco habituales, aprendiendo y transfiriendo experiencias, e implementando un plan basado en lo que él consideraría su situación ideal.

La última vez que vimos a Nelson iba con prisas a entregar los documentos necesarios para ingresar en la universidad...

—¿Y el negocio de los peces? —preguntamos.

—Voy a entrar en la universidad y no tendré que pedir ninguna beca... ¿Contesta eso vuestra pregunta? —nos respondió con orgullo.

A buen entendedor, pocas palabras...

Otro espejo roto: la necesidad del mercado

Cuando publicamos en nuestro sitio web el caso de Nelson que usted acaba de leer, la mayoría de las personas que escribieron comentarios destacaron la creatividad del joven emprendedor. Sin embargo, hubo algunos que nos transmitieron sus dudas, pues, según ellos, no era posible que un producto o servicio tuviera una demanda exitosa si no existía previamente una necesidad en el mercado. Además, no era fácil diseñar algo para crear esa demanda.

Lamentablemente, en la mente de muchas personas y de muchos emprendedores está la idea de que, para que un nuevo producto o servicio llegue a tener una buena demanda, debe investigarse si existe o no la necesidad en el mercado. De existir esa necesidad, deberían formularse complejos planes para crear la demanda que asegurara el éxito.

En primer lugar, no hay ningún método científico ni comercial que asegure el éxito de un producto. Existen sólo modelos de experiencias anteriores que nos podrían ayudar a **pronosticar** algunos resultados. Pero hay que tener en cuenta que esos modelos funcionaron gracias a hechos pasados y en escenarios distintos. En un escenario tan cambiante como el que vivimos, en una sociedad hiperactiva, resulta cada vez más difícil hacer pronósticos.

En segundo lugar, tratar de definir exactamente todas las posibles necesidades humanas, intentar clasificarlas como activas, pasivas, latentes o con cualquier otra etiqueta que se les quiera poner, para luego hacer creaciones que respondan a ellas, va contra el mismo concepto de creación.

Asimismo, pensar que todas las necesidades evidentes de los consumidores están satisfechas por alguien también es una idea errónea. ¿Ha visto lo prácticos, higiénicos y económicos que resultan los secadores de manos eléctricos? Podríamos suponer que la necesidad de secarnos las manos ya estaba cubierta gracias a las toallas, tanto de tela como de papel; sin embargo un inventor pudo ver que algo que ya existía, como el secador de cabello, podría tener otra utilidad, como por ejemplo secar manos. Después de que su creación vio la luz, se pudieron esgrimir muchos argumentos a favor de este aparato y de cómo venía a llenar una necesidad del mercado. La pregunta, en este caso, sería ¿existía la necesidad antes de la aparición de este invento o fue el invento el que creó la necesidad?

Cree su producto, cree la demanda

Como muchos paradigmas, nos cuesta aceptar las cosas simples, especialmente en lo que se refiere a tener éxito. Son muchos los interesados en difundir la idea de que crear la demanda de un producto es un asunto complejo, que primero debe existir una necesidad del mercado y hacer cientos de estudios para confirmarlo... Los mayores interesados son precisamente los consultores y expertos.

Sin embargo, gracias a Dios, a pesar de ello los emprendedores siguen creando sin tener en cuenta, la mayoría de las veces, si necesitamos realmente su producto o servicio.

La experiencia ha demostrado que es el producto o servicio innovador el que crea la necesidad y esa necesidad crea la demanda.

¿Ejemplos? Miles, pero el que más nos divierte es el cubo Rubik. Inventado por don Enio en Hungría y lanzado al mercado en 1977. Hasta la fecha ha vendido ¡más de ciento cincuenta millones de unidades! Incluso hay versiones para Internet. ¿Necesitábamos un cubo Rubik? ¿Qué habría pasado si se hubiese hecho un estudio antes de crearlo?

Ni el fax, ni la fotocopiadora, ni los relojes de cuarzo, por nombrar sólo algunos productos, pasaron el test de la necesidad del mercado. Fueron rechazados por algunas empresas y sus patentes fueron vendidas... a otras empresas que creían que la necesidad había que crearla. La historia ha demostrado quién hizo mejor negocio.

La tan mencionada necesidad del mercado, en la mayoría de los casos, es un argumento creado después de que algo ha tenido éxito. Un argumento que permite decir a los que lo defienden: «¿Ven?, se cumplió la regla. Tuvo éxito porque llenó una necesidad del mercado».

Las necesidades se manifiestan como deseos de los consumidores, y de ellos depende que haya demanda, pero los consumidores **no pueden desear algo que no existe...** hasta que se crea.

Pensar que debe haber una necesidad en el mercado para producir algo nuevo es poner un freno a la creatividad. ¿Quién le dijo a Tolkien que había una necesidad cuando escribió *El señor de los anillos*? A Richard Bach lo rechazaron en una veintena de editoriales porque su texto, *Juan Salvador Gaviota*, no cubría ninguna necesidad del mercado.

Para nuestra tranquilidad, los creadores siguen sorprendiéndonos todos los días con cosas que no teníamos ni idea de que necesitábamos.

Como profesionales y empresarios creativos, debemos abrir nuestra mente para estar atentos a las llamadas necesidades existentes del mercado, pero no debemos olvidarnos de que las necesidades pueden crearse en el momento mismo que es conocido un nuevo producto o servicio.

En cuanto a las necesidades existentes, podemos decir que sin duda tendremos grandes oportunidades si nuestro producto o servicio llega a sustituir a otros que cumplen la misma función, lo cual ocurrirá siempre y cuando nuestra alternativa sea más eficiente, más barata, más fácil de conseguir o, incluso, estéticamente más bella. Si presenta uno cualquiera de estos factores, estaremos hablando de algo por completo distinto, lo que en sí mismo significa algo nuevo.

Como profesionales y empresarios creativos debemos abrir nuestra mente para estar atentos a las llamadas necesidades existentes del mercado.

Todos podemos coincidir, por ejemplo, en que los cierres de velcro no son una mejora, ni una versión superior de una cremallera. Si bien ambos cumplen una función muy similar, el velcro es algo radicalmente distinto. Así, este producto no puede ser comparado ni con la mejor cremallera ni con la más económica. El velcro no se diferencia de la cremallera por algunas ventajas, se trata de un producto que en sí mismo es la ventaja.

Siempre tendremos más oportunidad de competir si lo que ofrecemos es percibido por el mercado no como una mejor versión de algo que ya existe, sino como algo realmente nuevo, algo único. Por ello, nuestro principal esfuerzo debe ser crear un enfoque a través de combinaciones transgresoras, asociando libremente los elementos que tenemos a nuestro alcance.

Ejercite su creatividad transgresora

La creatividad es como un músculo, se atrofia por el poco uso que le damos, pero se puede desarrollar ejercitándola.

Las personas que reconocemos como creativas, más allá de sus talentos naturales, han desarrollado esa capacidad porque su actividad requiere de ella. Los artistas, inventores y publicistas son ejemplos de personas que diariamente ejercitan la creatividad, pues su modo de vida depende de ello. Estas personas, por lo general, no crean sólo una cosa, sino cientos. Sus ideas destellan en sus cabezas pues, permanentemente, sus mentes y sus sentidos están abiertos a los estímulos, a la información, al conocimiento y a las emociones que les ayudan en los procesos creativos.

La creatividad no es simple inspiración divina. La creatividad es una actividad. Salvador Dalí decía que siempre estaba trabajando, pues si venía la inspiración era mejor que lo sorprendiera mientras trabajaba.

Un emprendedor debe mantener el músculo de la creatividad siempre activo y vital. A través de la creatividad podrá dar respuestas innovadoras a muchos de los interrogantes que se le plantearán durante su camino.

Un nuevo producto o servicio, una mejor forma de comercializar, de llegar a los clientes, de financiar un proyecto, cualquiera que sea el resultado que necesitemos conseguir, siempre habrá que crear un camino hacia ese objetivo. Siempre habrá una situación ideal en la cual nos gustaría estar. Y esa situación ideal se convierte en la pregunta adecuada y nuestra creatividad debe buscar las mejores respuestas para convertirla en realidad.

Ejercite su creatividad, aunque sea por diversión. Pregúntese, por ejemplo, qué pasaría si diera otro uso a un artefacto que le llame la atención. En qué situación sería útil. No se limite por la razón, deje que el hemisferio derecho de su cerebro actúe libremente. ¿Se ha dado cuenta de cómo los niños crean sus juegos? Toman lo que tienen a mano y le dan otro uso. Una escoba se convierte en un caballo, una caja de cartón en una guarida. Aún tenemos mucho que aprender de ellos. Si tiene oportunidad, obsérvelos y aprenda de los maestros de la creatividad.

Durante la Segunda Guerra Mundial, los ingleses organizaron cabildos abiertos para que la gente diera ideas en cuanto a abastecimiento, defensa y cientos de problemas que aquejaban a la nación.

En cierta ocasión, en uno de estos cabildos, se planteó el problema de las minas que había sembrado el ejército alemán para detener a la flota británica. Una lavandera, una mujer de pueblo, dijo: «Comandante, yo, en su lugar, pondría a muchos marineros en el borde del barco y los haría soplar para alejar las bombas que flotan alrededor de él». La concurrencia rió de buena gana, sin embargo, esta anónima ciudadana sentó las bases de la solución. Los ingenieros recogieron la idea y crearon el primer barco barreminas, que abre el camino a la flota soplando con aire comprimido las minas y dejando una senda segura para el resto de los barcos.

Este ejemplo de ejercicio creativo fue adoptado en forma generalizada por empresas de todo el mundo para innovar en todas las áreas de su actividad. Usted puede sacar provecho de su propia creatividad, la de su familia, sus colegas o amigos. Juntos pueden contribuir con ideas que sean económicas y fáciles de llevar a la práctica.

Como en el caso de la lavandera inglesa y muchos otros, **transgresión** es la palabra clave. Nos hace reír, nos incomoda, pero, por lo general, conlleva la semilla de aquello que buscamos.

Lo importante siempre es hacer la pregunta correcta. Cuando hacemos la pregunta adecuada, nuestra mente se activa y comienza a generar imágenes, incluso muchas veces inconexas; sin embargo, en un proceso natural uno comienza a filtrar esas imágenes. Para ejercitar la creatividad necesitamos sacar los filtros, dejar que las respuestas, por muy descabelladas que sean, fluyan. En un proceso creativo es interesante anotar todas las ideas y asociaciones que desencadena una pregunta. En un segundo paso usted puede observar esas ideas, compararlas, seleccionar las que le parezcan más adecuadas para, a partir de ellas, construir la respuesta adecuada.

Lo instamos a leer, a informarse, a abrir los sentidos. La creatividad necesita de estímulos, de muchos estímulos. Las respuestas muchas veces llegan de los lugares más inesperados.

Cree un negocio único a través de combinaciones transgresoras

Poner en la práctica la creatividad con el objetivo de producir una propuesta de negocios innovadora es, muchas veces, una tarea difícil. Como hemos dicho, el apego a los moldes tradicionales y transitar por caminos ya conocidos producen siempre más de lo mismo.

Este libro tiene por objetivo que el emprendedor sea capaz de crear propuestas nuevas, productos y servicios únicos, así como modelos de comercialización novedosos y eficientes. Estas páginas están llenas de casos de personas normales y corrientes que se han atrevido a desarrollar sus negocios de forma poco convencional, o que han dado soluciones transgresoras a problemas para los cuales los modelos tradicionales no dieron las respuestas esperadas.

El Método EDI propone cuatro pasos para la creación

CONCEBIR UNA SITUACIÓN IDEAL
Establecer una visión, una imagen de aquello que deseamos lograr.

APRENDER
De nosotros mismos, de las tribus o grupos de personas y del entorno.

De esas tres fuentes principales podremos obtener los elementos que combinaremos para crear un enfoque que nos lleve a la situación ideal.

Esos elementos pueden ser de diversa naturaleza. Conocimientos, habilidades, conceptos, objetos o procesos susceptibles de ser adaptados o modificados.

TRANSFERIR
Identificar y tomar los elementos que funcionan, los más eficaces y valiosos y transferirlos a nuestro campo de trabajo.

TRANSFORMAR
Combinar y adaptar esos elementos para crear un enfoque coherente con lo que hemos concebido como la situación ideal.

Este simple proceso ha sido aplicado en diversas situaciones.

En este libro utilizamos estos conceptos aplicados a la creación de negocios.

En ese sentido, nuestra tarea será: crear productos o servicios innovadores a partir de los recursos que están a nuestro alcance y formas de comercialización atractivas, económicas y eficientes.

8

El enfoque: el corazón de tu negocio

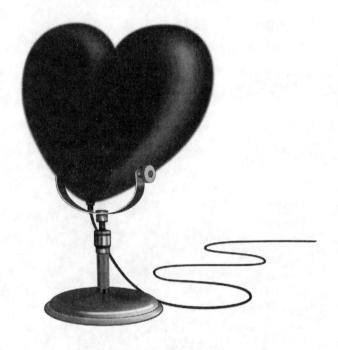

*El enfoque es un nuevo punto de vista,
una solución innovadora, una nueva manera
de hacer las cosas, de difundir o comercializar
un producto o servicio. Es el nuevo modelo,
la invención, la creación resultante
de combinaciones transgresoras.*

**Enfóquese en
sus fortalezas**

El enfoque es un concepto simple que es reconocido y valorado por un grupo de personas, por una tribu. Algo que nos permite ser considerados, para esa tribu, como ÚNICOS. Un enfoque es la síntesis de ideas, de procesos, es lo que proporciona coherencia a toda nuestra propuesta de negocios. El enfoque es la especialización, es poner bajo la lupa y amplificar un detalle oculto que debe ser puesto de relieve, para crear un nuevo mundo a partir de él.

Llevado al mercado, significa crear un producto, un servicio o una idea que será atractiva, útil o necesaria, no para todo el mundo, sino para un grupo de personas que especialmente hemos elegido.

Una empresa debe crear un enfoque, los profesionales deben tener un enfoque, los países deben buscar y difundir un enfoque. Eso quiere decir ser especialista en algo, poseer un concepto propio que nadie más tiene y crear toda nuestra estrategia basándonos en ese concepto.

La medicina es el área que mayores pruebas puede aportar en relación con el enfoque. Mientras más enfocado está un médico en una materia, mayor reconocimiento profesional tiene y más necesario se hace para un grupo específico de personas. Asimismo, existen decenas de industrias ligadas a este ámbito, como la de equipamiento médico, medicamentos e insumos, que deben su existencia a la permanente especialización y fragmentación de las disciplinas y ciencias médicas.

Si se crea una nueva especialidad, también se creará una industria completa que es coherente con este nuevo mundo. Nuevos profesionales, nuevos equipos, nuevas terapias, nuevos conocimientos y nuevas medicinas. El verdadero enfoque cambia reglas y se convierte en un centro de atracción.

En todo ámbito está presente el principio de enfoque. Observe, por ejemplo, ese poderoso enfoque llamado Torre Eiffel. Algunos simplistas podrían decir que es sólo un monumento; sin embargo, esa construcción ha sido la responsable de la creación de toda una industria en torno a ella, siendo el turismo una de las más importantes. Pregúntese qué imagen le viene a la mente cuando hablamos de Francia. Así funciona el enfoque, entrega una respuesta rápida y clara.

> **Al crear un enfoque lo que estamos haciendo es una declaración de principios simple, que entendemos nosotros, entienden nuestros colaboradores y entiende el mercado.**

Plantéese la misma pregunta pensando en las empresas, instituciones, personas, países o ciudades que usted cree que destacan de los demás. ¿Suiza? Seguro que le viene a la mente la imagen de quesos, relojes y chocolate. ¿Brasil? Fútbol y carnaval. ¿Albert Einstein? Relatividad. ¿McDonald's? Hamburguesas. ¿Cantinflas? Risas. La lista podría ser larga, pero lo importante es que se dé cuenta de que, de algún modo, el enfoque de cada uno es aquello que mejor hace y mejor se ha difundido.

Al crear un enfoque, lo que estamos haciendo es una declaración de principios simple, que entendemos nosotros, entienden nuestros colaboradores y entiende el mercado. Y a partir de aquí es necesario construir toda nuestra propuesta empresarial o profesional. Todo lo que hagamos debe ser consistente con el enfoque y debe reforzarse permanentemente.

Un ejemplo claro de esto es Telepizza, compañía cuyo nombre ya es un enfoque. Las pizzas, un producto conocido, con buena demanda y asociado al hecho de que los consumidores cada vez tienen menos tiempo disponible, llevaron a la empresa a concentrar todos sus esfuerzos, financieros, logísticos, comerciales y comunicacionales, a entregar al mercado un producto «distinto». Ya no es la pizza, es la pizza en su casa sin que usted haya salido de ella. El consumidor percibe la diferencia, la valora y compra. Por lo tanto, Telepizza ha centrado su propuesta empresarial en el enfoque llamado «pizza y teléfono».

Toda la propuesta empresarial de esta compañía es coherente con el enfoque. Sus locales no están en las calles principales, por lo tanto las inversiones en alquileres no son de las más elevadas. La decoración y mobiliario se ajusta para que pocas personas estén en el local y el menor tiempo posible. Poseen buenas dotaciones de personal de reparto, telefonistas y sistemas informáticos.

Cuando creamos un nuevo enfoque a través de combinaciones transgresoras, debemos ser conscientes de que estamos poniendo la base de nuestro negocio y que, desde ese momento, nuestro futuro dependerá de lo consecuentes que seamos con ese enfoque. Esa coherencia es la que nos dará mayor eficiencia y reconocimiento, al centrar nuestros esfuerzos en lo que mejor podemos hacer para el grupo de personas que hemos elegido como público objetivo. Un enfoque determina las características del producto servicio, la tribu a la cual se dirige y las formas de producirlo, de difundirlo y comercializarlo.

No es nuestra intención hacer una clasificación exhaustiva de las diferentes clases de enfoque, sino más bien proporcionar ejemplos que sirvan de guía a los emprendedores que buscan crear su propio enfoque. En este sentido, podemos reconocer algunos tipos de enfoque más frecuentes.

Enfoque por innovación: un nuevo producto o servicio que no es reconocido como una mejora de algo ya existente. Sus componentes pueden proceder de diversos ámbitos y ser transferidos para crear el enfoque.

En el mundo de la música, un maestro japonés revolucionó la enseñanza del violín creando un método basado en el aprendizaje de la lengua materna. Hoy, existen escuelas del método Suzuki en todo el mundo y en ellas se los alumnos aprenden música de una forma radicalmente distinta a los métodos tradicionales. Su enfoque se creó a partir de los conocimientos de ámbitos que no tenían relación directa con las artes.

La mayor parte de las innovaciones son producto de la creación de enfoques de este tipo. Con objetos, ideas o conceptos provenientes de diversos ámbitos se produce algo nuevo.

Enfoque por adaptación: un producto o servicio genérico se especializa, adaptándose a las particulares necesidades de una tribu, transformándose así en un enfoque. Los servicios legales para médicos son un enfoque de alta especialización. Los servicios de peluquería canina son otro ejemplo de adaptación de servicios genéricos. Medios de comunicación de deportes, alimentos para enfermos, vestuario para el trabajo son otros sectores en los cuales existen cientos de ejemplos exitosos de adaptación.

Enfoque por comercialización y distribución: productos o servicios relativamente convencionales cobran un nuevo valor al ser vendidos y entregados a través de sistemas enfocados.

Un ejemplo claro de ello es Amazon, la tienda de libros por Internet, que ha basado su modelo de negocio en la forma de comercializar y distribuir los productos que ofrece. En la misma línea se han creado otros negocios que han utilizado el enfoque por adaptación, tomando el modelo Amazon y especializándolo aún más. Ése es el caso de la empresa brasileña Livros do Turismo.com.br, que se ha centrado en libros para profesionales de la industria turística... pero de habla portuguesa.

También podemos ver este tipo de enfoque en compañías que venden exclusivamente a través de canales de televisión por cable, por catálogo o por sistemas llamados de multinivel o network marketing. En todos estos casos la fortaleza no está en el producto, sino en las características que tienen las estructuras de comercialización y distribución de esas empresas, las cuales son, en el fondo, el verdadero enfoque.

Enfoque por diseño: cuando a productos conocidos se agrega como factor principal el diseño, muchas veces lo que se obtiene es algo totalmente nuevo. El elemento estético o funcional de un producto, en muchas ocasiones, es un diferenciador determinante.

Automóviles, electrodomésticos, teléfonos móviles, viviendas y ordenadores son sólo algunos productos en los cuales el diseño ha creado el enfoque. En este caso, más que en otros, se encontrará con personas a las que les entusiasmen y otras a las que les horroricen, pues está en juego un elemento altamente subjetivo: la belleza.

¿Cuál es el enfoque principal del Volkswagen Beetle, el ordenador Imac o los teléfonos Nokia?

Hoy en día, el diseño ha cobrado mayor valor como elemento de diferenciación, pues guarda relación con uno de los factores que más mueve a las personas: las emociones.

El diseño tiene que ver con el arte, con la expresión y, en una sociedad cada vez más fragmentada, aquellas cosas que tienen que ver con la individualidad de las personas son más valoradas.

Enfoque por antagonismo: a veces el enfoque es ir en contra de algo. Es no poseer algo que todos tienen. Esa orientación llama poderosamente la atención. Quienes saben ser coherentes con ese concepto pueden obtener grandes beneficios.

Aunque suene raro, éste ha sido uno de los tipos de enfoque más exitosos y del cual han nacido importantes industrias: sin calorías, sin colesterol. ¿Le suenan familiares esas frases? Edulcorantes y alimentos dietéticos son algunos de los productos enfocados de esta manera.

En Argentina, una fábrica de refrescos lanzó exitosamente al mercado un producto enfocado por antagonismo. Se trataba de un agua mineral sin sodio, que en pocos meses se ganó una buena parte del mercado de ese tipo de productos. Lo increíble es que las personas de inmediato atribuyeron al sodio propiedades nocivas para la salud, sin que la compañía hubiese difundido mensajes al respecto.

Una radio chilena creó su enfoque como «Cero Rock», llamando la atención de un gran público al que no le gusta ese tipo de música.

Se puede crear un enfoque poderoso a través del antagonismo, pues éste parte de la base de ideas o productos que ya existen en el mercado y que o bien no gustan a algunos grupos de personas, o bien los consideran negativos, o bien representan algo de lo cual prefieren alejarse.

Henry Ford, en los inicios de la industria del automóvil, llamaba a los vehículos «carruajes sin caballos», aprovechando el conocimiento de este medio de transporte, pero comunicando al ciudadano una idea de modernidad y un toque de misterio, y de paso, también, dando a entender que los carruajes con caballos eran algo que formaba parte del pasado.

En todos los casos de enfoque, estamos hablando de productos y servicios que se crean sólo para grupos humanos específicos, que realmente pueden valorar este concepto. Como empresarios debemos buscar ser fuertes en algo y no en muchas cosas, contar con el reconocimiento y preferencia de algunas personas y no de todas.

Enfoque personal

Las personas necesitamos un enfoque y si no lo tenemos debemos crearlo a partir de lo mejor que tenemos. No podemos construir nuestro futuro sólo corrigiendo cada una de nuestras imperfecciones, también debemos sacar el máximo provecho a aquellas cosas que ya son fuertes en nosotros.

Todos hemos nacido con algún talento, hemos tenido experiencias de vida positivas y negativas, hemos aprendido pequeñas y grandes cosas. A partir de estos elementos podemos crear nuestro enfoque, pues ya los tenemos incorporados y están a la espera de que los transformemos en algo realmente valioso.

Las personas que han vivido intensamente y de forma apasionada y que han tenido vidas dignas de admirar en la mayoría de los casos no han sido perfectas, sino que han sabido desarrollar sus puntos fuertes y han sido reconocidas por ese enfoque personal. Piense en personajes tan diversos como Chaplin, Einstein, Pavarotti, Schwarzenegger o Maradona. Pregúntese cuál es el enfoque personal que han tenido. Una palabra para cada uno de ellos describiría el enfoque por el cual han sido reconocidos.

Debemos buscar dentro de nosotros mismos lo que nos hace diferentes, únicos, si no lo tenemos debemos crearlo... ¿Cómo? A través de combinaciones transgresoras, tal como veremos más adelante.

Enfoque empresarial

Una de las creencias más difundida es que una empresa exitosa es una empresa grande y diversificada. Tener varias líneas de negocios es mejor que tener sólo una. Por lo general, esta teoría se apoya en el dicho «No es bueno guardar todos los huevos en una sola canasta». Así, las empresas y organizaciones se lanzan en una carrera de crecimiento, tratando de abarcar lo más posible, intentando hacerlo todo lo mejor posible y captar un gran pedazo del mercado, atendiendo a distintos tipos de clientes.

La experiencia ha demostrado que nadie, ni siquiera las más grandes empresas, puede ser bueno en todo. Una de las tendencias corporativas más importantes de nuestros tiempos ha sido la subcontratación de servicios, también conocida como *outsoursing*. Esta modalidad se ha desarrollado justamente bajo el concepto de que las empresas deben enfocar sus esfuerzos en aquello que mejor saben hacer y delegar a terceros las tareas que no son el corazón del negocio. Pero el enfoque empresarial va mucho más allá de subcontratar a otros para realizar tareas complementarias.

El enfoque significa centrarse en un concepto, en un tipo de público, en un producto o servicio, y por medio de su co-

172

nocimiento y experiencia lograr un nivel de especialización difícil de imitar.

Para esto debemos tener claro que un producto o un servicio es la empresa en sí misma. La existencia legal o tributaria no es la empresa, sus activos, edificios o mobiliarios. Todo ello son instrumentos para el desarrollo de esa empresa. Lo que realmente da existencia a una empresa es su producto o servicio y el valor que éste tiene para un grupo determinado de personas. Sin eso, es sólo una cáscara vacía, que puede existir únicamente para fines jurídicos o para el pago de impuestos.

Piense en qué le ha dado un espacio en el mercado a las grandes empresas. Por ejemplo, a McDonald's las hamburguesas o a Coca-Cola los refrescos de cola. Usted puede pensar que esos ejemplos son fáciles, pues se trata de marcas reconocidas en todo el mundo. Además, pensará correctamente que esas empresas no sólo venden esos productos. De acuerdo, pero piense en lo siguiente: ambas empresas son poderosas y tienen más de un producto, sin embargo, ¿sería igualmente poderosa McDonald's en el mundo de las pizzas? ¿Cuánto valdría la compañía Coca-Cola sin Coke?

Las empresas son el producto que venden y cada producto es una empresa en sí mismo, con personalidad propia, operaciones, públicos y... especialmente nombre propio. Por ello cada producto debe ser un enfoque. ¿Cuántos debería tener su negocio? Ojalá, sólo uno. Si tiene más de uno, usted debería ser capaz de tratarlos como empresas individuales.

Siempre la tentación de abarcar más nos lleva a decirnos: «Si puedo hacer esto también debería ser capaz de hacer aquello». Eso inmediatamente nos desenfoca y reduce nuestro poder para desarrollar más y mejor los aspectos que nos pueden fortalecer.

· C A S O ·

ENFOQUE PERSONAL

«Mi único punto fuerte era contar historias»

J.K. ROWLING, *autora de Harry Potter*

La historia de **Joanne K. Rowling** parece sacada de *El príncipe feliz* de Oscar Wilde. Al igual que los protagonistas de este cuento, J.K. Rowling y su hija sufrían graves problemas de dinero. Claro que, en vez de salvarse gracias a la joya que le regaló el príncipe, serían los propios relatos de esta madre desesperada los que cambiarían su vida.

Con treinta y un años, divorciada y sin trabajo, Joanne Rowling dio vida a **Harry Potter** sentada en cafés de Edimburgo, donde se refugiaba del frío con su hija de tres meses a cuestas. Como no podía pagar a nadie que la cuidara mientras buscaba empleo, cayó en una profunda depresión. Sin nada que perder, se decidió a escribir el libro que había imaginado durante una larga espera en una estación de ferrocarril en Londres.

Hizo varios originales del relato a máquina para enviarlos a las editoriales, ya que no tenía dinero ni siquiera para fotocopias. Finalmente recibió la respuesta esperada y, meses después de la publicación, se convertía en la autora más vendida de Gran Bretaña. Durante el año 2002 fue la mujer que ganó más dinero en su país. Sus ingresos anuales ascendieron a cuarenta y ocho millones de libras (unos 77 millones de dólares). Ello, sin contar las ganancias de las versiones cinematográficas basadas en sus novelas.

Pero ¿qué razones hay en la vida de Joanne Rowling para convertirse en lo que es hoy?

Simplemente talento y sensibilidad.

Joanne Rowling fue una niña de clase media que asistió a un colegio público en Bristol, Inglaterra. Si alguna cosa la distinguió de los demás fue su gran imaginación. Ya a los cinco años conquistaba a sus compañeros de clase contándoles simpáticas historias.

Su adolescencia fue bastante dura. A los quince años le anunciaron que su madre padecía esclerosis múltiple. La enfermedad se prolongó durante diez años y su madre pasó los últimos dos años de su vida en una silla de ruedas.

Ya adulta debió enfrentarse a la separación de su esposo, un periodista de televisión con quien residía en Portugal. Cuando su hija tenía tres meses y sin un dólar en el bolsillo, Joanne Rowling decidió volver a Inglaterra a buscar su oportunidad... ¡Y desde luego la encontró!

Joanne supo enfocar sus esfuerzos personales y profesionales en su mayor talento: crear historias, y gracias a ello ha podido construir su exitosa carrera, la cual se ha centrado casi exclusivamente en su personaje Harry Potter.

· C A S O ·

ENFOQUE EMPRESARIAL

GRAN KEBAB *VERSUS* LA PIZZA ASESINA

Quien pretende cazar dos liebres a la vez
termina no cazando ninguna.

CONFUCIO

La gran «mortandad» de empresas que se registra cada año, amén de aquellas con graves crisis corporativas, por lo general tiene su explicación en problemas que, por ser relativamente simples, pasan inadvertidos para la gerencia.

En 1994, Juan Pablo comenzó a concretar su antiguo sueño de ser empresario. Se sentía seguro. Una experiencia de varios años como administrador de negocios gastronómicos, un pequeño capital inicial, un estudio de mercado y un plan financiero que un ex compañero de la universidad le ayudó a preparar, además del apoyo de su familia, fueron los elementos clave que le animaron a montar un pequeño restaurante de comida rápida al que llamó Gran Kebab, donde la única especialidad eran los sándwiches llamados, justamente, *kebabs* y que servía en la barra del local.

La novedad, la buena ubicación y una marca fácil de recordar fueron las principales fortalezas que le permitieron, a los casi cinco meses, tener un nivel de ventas que superaban con creces sus mejores perspectivas. Entusiasmado por estos resultados, decidió abrir dos locales más, uno que seguía el mismo formato de su primer local y otro que requirió una inversión mayor por su tamaño y ubicación estratégica, que aseguraría un flujo de público mucho más alto que en los otros establecimientos. En este último, los clientes ya no consumirían en la barra sino en cómodas mesas y además de los *kebabs* se ofrecerían pizzas, aprovechando la infraestructura instalada y lo que Juan Pablo consideraba una carta segura, puesto que, según él, las pizzas, mientras estuvieran bien hechas, siempre se venderían sin problemas.

Al año y medio de funcionamiento comenzaron a hacerse evidentes algunos problemas. Si bien las ventas iban en ascenso, en especial en el local más grande, los beneficios se vieron mermados. Fueron diversos los diagnósticos para esta situación: la consabida «crisis de crecimiento», la poca presencia del dueño en los locales administrados por empleados, el aumento del costo de los insumos, etc. En ese momento y con mucha visión, Juan Pablo decidió contratar una asesoría formal antes de que el problema siguiera agudizándose.

Quedó muy sorprendido cuando supo que ninguna de las causas que él creía probables era la responsable de sus preocupaciones. Aún más, el local que consideraba su estrella era el único que no aportaba beneficios, aunque sin embargo era el responsable de casi el 50 por ciento de las ventas del negocio. Para colmo, este local no atendía a más del 30 por ciento de su capacidad.

La primera reacción, como sucede con la mayoría de los empresarios en circunstancias como ésas, fue hacer mayores esfuerzos para mejorar las ventas del local estrella; sin embargo el problema persistió. Su ex compañero de universidad le aconsejó enfocar el problema desde otro punto de vista: averiguar qué factores habían hecho tan exitosos los dos primeros locales. Para ello prepararon una encuesta muy simple entre los clientes y los empleados de los locales pequeños.

Esta sola acción dilucidó el misterio: Gran Kebab era reconocido por su público como especialista en «ese delicioso sándwich exótico» que cualquiera podía disfrutar en sólo cinco minutos. En otras palabras, los consumidores le dijeron a Juan Pablo: «No necesitamos mesas ni decoración sofisticada para comer lo que nos ofrece tu restaurante... Y lo más importante, si queremos comer pizza vamos a Pizza Hut, si queremos comer hamburguesas vamos a McDonald's o a Burger King; sólo si queremos un *kebab* pensamos en Gran Kebab».

El epílogo de esta historia es predecible. Juan Pablo se dio cuenta de que las altas ventas que producía el local estrella eran las más caras y las que demandaban mayores esfuerzos, que sin embargo no eran reconocidos por los consumidores. Además, la actividad de este local alejaba a la empresa de aquello en lo que sí era especialista y significaba su verdadera ventaja competitiva: la venta de *kebabs*.

Cuando casi habían pasado cinco años de su comienzo, Juan Pablo decidió cerrar el local estrella y reemplazarlo por otro con las mismas características de los pequeños locales que sí eran rentables En definitiva, reenfocar su negocio.

El desenfoque que sufrió Gran Kebab no es prerrogativa sólo de las pequeñas empresas, es una enfermedad que afecta a todos los segmentos de negocios. Por diversas motivaciones, que pueden ser resumidas finalmente en un propósito: aumentar los beneficios a corto plazo, los gerentes y dueños de empresas se lanzan en una carrera desenfrenada por diversificar, ampliar, hacer alianzas estratégicas, etc., creyendo que estas acciones les permitirán incrementar su participación de mercado, servir a un mayor número de clientes y por ende lograr que el último renglón del balance de cada año les sonría.

Los elementos para construir nuestro enfoque

Un emprendedor que inicia su negocio siempre cuenta con recursos limitados y grandes sueños. Además, hemos visto que el mayor problema al que se enfrentará es a una competencia despiadada, donde todos los participantes usan casi las mismas estrategias, lo cual hace difícil una diferenciación interesante.

En ese sentido, el enfoque es una herramienta poderosa que puede ayudarlo a crear algo radicalmente distinto, romper la uniformidad del mercado y concentrar sus esfuerzos y recursos para hacerlos más eficientes. Para crear ese enfoque, el empresario debe tener en cuenta los elementos de mayor valor a los que puede tener acceso y desarrollar, basándose en ellos, su propuesta de negocio.

Este enfoque llegará a ser poderoso si el empresario se basa en elementos recogidos desde tres fuentes:

Su individualidad: aquellos talentos, conocimientos o experiencias que posee como persona o como empresa.

Su tribu: las características particulares del grupo de personas al cual irá dirigida su propuesta.

Su entorno: las tendencias sociales que crean nuevos problemas o nuevas oportunidades.

Elementos de valor

Para construir enfoques poderosos, debemos combinar elementos valiosos, modelos que funcionan e ideas innovadoras y llevarlos a un nuevo plano.

En la era industrial se creaban nuevos productos combinando artefactos y necesidades. Los motores, por ejemplo, fueron la base de miles de inventos creados para las más diversas tareas.

El enfoque es una herramienta poderosa que puede ayudarle a crear algo radicalmente distinto.

En la nueva economía el valor más importante son los intangibles o, como dicen los profesores Nordström y Ridderstrale, «El nuevo campo de batalla competitivo no se encuentra en el ámbito de los motores o maquinarias, sino en el diseño, en el servicio de posventa, en la imagen o las alternativas de financiación. En aspectos intelectuales e intangibles. Por lo tanto, debemos redefinir lo que consideramos realmente valioso».

O en palabras del célebre Tom Peters: «Bienvenidos al mundo donde el valor se basa en intangibles... No en objetos grumosos, sino en ficciones sin peso».

Antiguamente bastaba tomar un materia prima, introducirle algunos cambios mediante algún proceso y ponerle una etiqueta para que fuera considerado un producto con valor añadido.

Así también, se hablaba de valor añadido en el servicio cuando a éste se le agregaban un par de servicios complementarios. En ambas situaciones el bien producido terminaba siendo más o menos el mismo, pero su precio comercial se incrementaba.

Hoy, el mayor valor de los bienes que compramos está en las cosas que no podemos tocar, sino sólo percibir. El valor está en la marca, en el diseño, en la forma de comercialización, en su distribución, en la responsabilidad con el medio ambiente por parte de los productores y en los estilos de vida que representan o tratan de representar. Todos esos elementos intangibles no son factores añadidos, son el producto, son el servicio.

En ese sentido, la presión competitiva obliga a que los productos y servicios tengan un fuerte «componente humano», pero competir no significa tener éxito. Para tener éxito se debe ser distinto, radicalmente distinto, único... y, lo más importante, comunicar y ser percibido como tal.

Por ello, en la era del conocimiento los elementos más valiosos que podemos encontrar son las ideas, las experiencias, las motivaciones, los sueños y los talentos. Ésos son los ingredientes principales que debemos utilizar para crear nuestros enfoques. Son el material fundamental que puede dar individualidad y «personalidad» a nuestras empresas.

Debemos enfocar, enfocar y enfocar. Reducir nuestro círculo de acción nos hace más fuertes, no más pequeños. Un rayo láser es un rayo de luz, poderosamente enfocado, capaz de traspasar metales y seguir su camino hacia el infinito. Ése es el concepto que debemos construir en nuestros negocios y en nuestras carreras.

Crecer a través del enfoque: elemento estable y variaciones sobre ese elemento

Centrar nuestro desarrollo en algunos pocos aspectos no quiere decir que limitemos nuestro crecimiento; al contrario, debemos buscar en el enfoque el elemento estable, la esencia que nos permita producir variaciones sobre el mismo tema. Estas variaciones pueden convertirse en el refuerzo principal de nuestro enfoque.

Si usted crea un enfoque exitoso hacia una tribu determinada, por ejemplo los naturistas, encontrará cientos de posibles variaciones de refuerzo. Una de ellas puede ser la ampliación geográfica, puesto que es evidente que los naturistas están por todas partes del mundo. Así, una empresa cuyo enfoque fuera más específico aún, como vender libros sobre naturismo, encontraría las oportunidades ofreciendo más títulos especializados en el tema.

Ese tipo de ampliaciones son coherentes con el enfoque de una empresa y contribuyen a fortalecer su posición dentro de un grupo de consumidores.

Recuerde, el enfoque es un elemento estable que usted ha creado y usted puede crear todo un mundo que gire en torno a ese enfoque. Piense en el ejemplo de Joanne Rowling, quien recibe ingresos no sólo por sus libros, sino por todas las «aplicaciones» que han tenido los personajes creados por ella.

Una tienda de golf tiene un enfoque mucho más reducido que una tienda de deportes, pero ello no quiere decir que aquel establecimiento se limite a vender palos de golf. Su mundo se crea a partir de su enfoque y todo lo que sea coherente con este deporte fortalece su posición. Ropa, libros, vídeos, accesorios, revistas, etc. La tribu que ama el golf tendrá en esta tienda un verdadero centro de atracción y eso permitirá a sus propietarios concentrar sus recursos y lograr un fuerte reconocimiento.

En nuestros negocios debemos reducir el campo visual, apartar muchos elementos para centrar nuestro trabajo en algo particular y hacernos poderosos en ello. Tenemos que buscar la máxima eficiencia, construyendo a partir de nuestros talentos, de nuestras pasiones, de aquello que mejor sabemos y podemos hacer. Las empresas deben centrarse sólo en un par de aspectos en los cuales pueden realmente ser fuertes. En el enfoque, vale lo del viejo adagio que dice «Abarcar menos para apretar más».

9

Comercialización EDI

*El componente más caro y más escaso
en toda empresa son los clientes.
Sin clientes no hay negocio. Punto.
Todo se sustenta en este simple concepto.*

Párate frente a un espejo
y verás la mayor fuente
de recursos intangibles
a tu disposición.

Usted ha creado un nuevo concepto, un producto o servicio único y tiene una idea clara de quién podría comprar. Sin embargo, eso no es suficiente. Usted debe crear un modelo de comercialización ideal, una forma eficiente, económica y que genere resultados, en el menor tiempo posible, para atraer y encantar a sus clientes.

Usted puede tener una idea genial, sistemas maravillosos, un gran capital que sustente su proyecto y una excelente capacidad de gestión, pero si no llega la gente no hay ventas, y si no hay venta, no hay negocio.

Todos los pasos de este método buscan crear un concepto, un enfoque consistente y firme para difundir y reforzar nuestro enfoque con el objetivo de atraer a las personas a nuestro negocio.

Nuestro plan para comercializar tiene tres fases, y todas ellas están muy relacionadas con los conceptos que ya ha aprendido en el transcurso de este libro: la situación ideal, las combinaciones transgresoras y el enfoque como respuesta innovadora, en este caso, a la pregunta ¿cómo vender más con menos esfuerzo?

Fases del plan de comercialización

1. **Atraer a un grupo de personas:** público estratégico.

2. **Encantar a ese grupo de personas:** fans entusiastas.
3. **Hacer que esas personas nos traigan a más personas de su tipo:** círculo de influencia del público entusiasta.

El objetivo del Método EDI es lograr rendimientos excepcionales mediante procesos simples y que requieran pocos recursos. Las combinaciones transgresoras nuevamente cobran valor para crear esos procesos, puesto que la idea es tomar elementos eficientes de diversos orígenes para crear nuestro enfoque.

Eso es lo que hizo, por ejemplo, Nelson en el caso de los peces de colores. Tomó procedimientos de la industria de los videojuegos y los transfirió a la venta de alimentos para mascotas.

Lograr rendimientos excepcionales en la comercialización requiere salirse de los esquemas convencionales.

Habitualmente lo que busca la comercialización tradicional es llegar con una oferta a la mayor cantidad de personas, un esfuerzo dirigido en una sola dirección, es decir, de la empresa al consumidor.

El plan de comercialización EDI busca atraer a grupos de personas, que de alguna manera logren una fuerte conexión con la empresa y se conviertan en sus agentes promotores en cada uno de sus círculos de influencia.

En este sentido debemos crearnos las mejores oportunidades para contactar con esos grupos y difundir y comercializar nuestros productos y servicios, lo cual muchas veces significa alejarnos de nuestras ansias de vender y centrarnos en las motivaciones de nuestros consumidores, más allá de la relación que éstos tengan con lo que nosotros ofrecemos.

Atraer a un grupo de personas

Usted ya conoce a la tribu a la que va destinado su producto. Sabe sus principales características y dónde puede encontrar la mayor cantidad de sus integrantes. También conoce su idioma y las palabras clave que llaman su atención. Ahora es necesario elegir un grupo más pequeño de esa tribu, al cual llamaremos público estratégico. Idealmente, debe estar compuesto por personas que tengan un círculo de influencia, que sean admiradas dentro de la tribu y que posean un grado de credibilidad. También es importante que de alguna manera interactúen periódicamente con otros miembros de su tribu.

En primer lugar, deberemos enfocar nuestros esfuerzos de comercialización en esos pequeños grupos, pues buscamos que por sus características se conviertan en una caja de resonancia para llegar a otras personas como ellos.

Encantar a ese tipo de personas

En realidad hemos usado un eufemismo… Necesitamos crear un grupo de **fans incondicionales y entusiastas** de nuestro negocio. De este grupo de personas va a depender una gran parte de nuestro éxito.

Serán los responsables de un porcentaje importante de nuestros ingresos y, por ello, debemos crear más que una oferta: una experiencia de negocios realmente atractiva y emocionante para ellos.

Trabajar con pequeños grupos bien identificados le permitirá ensayar cientos de formas distintas para seducir y encantar a ese público teniendo en cuenta sus motivaciones. Usted logrará este objetivo siempre que entregue a ese grupo de personas un producto o un servicio que supere sus expectativas.

En su libro *Re-imagina*, Tom Peters escribe que en el pasado se vendían productos, luego pasamos a la economía de los servicios y hoy debemos vender «experiencias». Estamos absolutamente de acuerdo con ese concepto.

Experiencias agradables, emocionantes y apasionantes. No importa si usted vende servicios financieros o comida para peces. Debe crear un puente emocional entre los consumidores y su empresa. Y eso se logra entregando experiencias.

Tenga la imagen de quienes más saben de esto. Piense nuevamente en Harley Davison, en Disney o en Avon. Son empresas que no se han centrado sólo en sus productos, sino en las experiencias que proporcionan a sus clientes y en las emociones que les provocan.

Avon, en particular, es el notable caso de una empresa que ha sido capaz de crear una comunidad de mujeres de negocio. Para sus clientes, comprar a Avon no es sólo adquirir excelentes productos de belleza, sino una experiencia. Las consultoras Avon aconsejan e interactúan positivamente con su comunidad.

Empresas como ésta logran atraer a fans entusiastas que están dispuestos a ayudar a difundir sus productos, pues la experiencia de hacer negocios con ellas supera las expectativas que generan los productos por sí mismos.

Usted puede aprender de estas compañías y transferir esos conocimientos a su propio negocio.

Haga que su público más entusiasta atraiga a más personas parecidas a ellos (Va a necesitar muchos socios en su club de fans)

Prémielos, haga reconocimientos públicos o nómbrelos hijos ilustres de su empresa, pero no sólo por comprar en ella sino por llevar más clientes a su negocio, por ayudarle a difundir su concepto y su enfoque.

Si hemos dicho que el componente más importante de toda empresa o servicio profesional son los clientes, entonces debemos invertir en quienes nos provean de ellos.

Los «proveedores de clientes»

A menudo las empresas premian a sus mejores clientes por la frecuencia con la que acuden a sus establecimientos o por el volumen de sus compras. Sin embargo, son pocas las que premian a quienes les aportan más clientes o colaboran en la difusión de su mensaje.

Si uno de sus clientes se siente feliz con su producto o servicio, seguramente tendrá una buena disposición para comentarlo con su círculo más cercano. Pero recuerde: una empresa EDI no aspira a tener clientes, sino fans incondicionales y entusiastas. Eso significa que la buena disposición de ese cliente se convierte, en este caso, en necesidad de compartir lo que sabe de su empresa, la excelente experiencia que ha tenido haciendo negocios con usted, y de contagiar a otros su entusiasmo.

Si ese cliente fan ya tiene buenas razones para entusiasmar a otras personas de su tribu, su tarea es darle aún más razones. Entregar premios y reconocimientos a una persona que nos provee de otros buenos clientes es una excelente razón, que refuerza su interés.

Los tres puntos que acabamos de describir deben formar parte de la tarea habitual de un emprendedor. Si espera tener resultados excepcionales deberá buscar continuamente a esos grupos de clientes, atraerlos, encantarlos y hacer que contagien su entusiasmo a otros como ellos.

Donde hay gente, hay negocios

Esto que parece tan evidente no lo es tanto para muchos empresarios y profesionales que esperan tras su escritorio que los clientes llamen a su puerta.

Hoy en día, cuando el bien más preciado son las personas que puedan comprar nuestros productos, no podemos quedarnos tras el mostrador suponiendo que por arte de magia aparecerán los clientes.

A los clientes hay que:

1. **Salir a buscarlos.**
2. **Atraerlos.**
3. **Reunirnos con ellos en un terreno neutral. Y mejor aún...**
4. **Llevar a cabo todas las acciones anteriores.**

Salga a buscar a sus clientes

Dondequiera que haya una masa de personas habrá buenas posibilidades para hacer negocios. Mientras más gente haya, por ley de probabilidades, más potenciales clientes suyos habrá. Precisamente éste ha sido el éxito de los centros comerciales: crear aglomeraciones de gente mediante actividades y promociones de todo tipo. Además, tiendas de distintos tipos atraen a públicos diferentes, lo que produce una suma de fuerzas que aumenta el potencial de venta de todo el conjunto de establecimientos.

Usted debe conocer dónde se producen las mayores aglomeraciones de su tribu, cuándo y por qué se producen. Esta información es parte de la creación de un producto único. Recuerde que no puede separar ningún aspecto. La creatividad también pasa por saber llegar a sus clientes, atraerlos y encantarlos.

Dicen que los mejores estrategas de marketing son los vendedores callejeros. Más allá de algunos aspectos negativos de esta actividad, por experiencia nos inclinamos a pensar que hay mucho de cierto en esta apreciación. Al menos, uno puede sacar excelentes lecciones observando sus tácticas de comercialización.

Ellos tienen un sentido de la oportunidad envidiable. Juzgue por sí mismo.

Si el producto que hay que vender es para los amantes del deporte, allí los verá fuera de los estadios contactando con los aficionados para ofrecerles toda clase de objetos relacionados con sus pasiones. Si el producto es para niños, los encontrará en la puerta de las escuelas en los horarios clave para seducir a esa tribu.

En nuestro país, en las cercanías de los hospitales públicos se instalan los vendedores callejeros con botellas de agua mineral, galletas sin sal y toda suerte de productos para enfermos que ofrecen a quienes visitan a sus familiares hospitalizados.

Hace algunos años, recorriendo el centro de Estocolmo, vimos a algunos de estos vendedores con cientos de extraños collares. Eran colgantes en forma de chupetes. Lo sorprendente fue que al poco rato comenzamos a ver a cientos de mujeres adolescentes luciendo este extraño collar. Seguramente es una nueva moda, pensamos.

Casi dos meses después de regresar a Chile, en pleno centro de Santiago, corroboramos que la moda ya se había impuesto en nuestro país. Vimos la misma situación que en Suecia: vendedores callejeros rodeados por adolescentes comprando este simpático producto.

Nos acercamos a uno de ellos para comprar uno de esos collares de moda y le comentamos lo increíble que era ver la misma escena en Europa y en Chile. Nos miró con cara de quien va a enseñar algo importante y nos dijo: «Jefe, es la tendencia mundial... La globalización nos afecta a todos».

Nos fuimos sonriendo y agradecidos por aquella cátedra intensiva de marketing dictada por un sencillo vendedor callejero.

La situación nos hizo recordar las palabras del empresario y ex candidato a la presidencia de Estados Unidos Ross Perot. En una conferencia que dio a estudiantes de la Universidad de Harvard, dijo: «Lo que los ingenieros llaman estudio de mercado, yo le llamo mirar por la ventana».

¿Dónde está su cliente?

La situación ideal para cualquier empresario o profesional es llegar a contactar con el mayor número de potenciales clientes en el menor tiempo posible. De esta forma se incrementan las posibilidades de venta.

Imagine esa situación ideal y visualice cómo captaría la atención y abordaría a una masa de personas que pueden ser futuros miembros de su club de fans. ¿Lo ha pensado bien?, ¿sabe cómo informaría de todo lo que quiere informar?, ¿ha pensado ya cómo tomaría una gran cantidad de pedidos?, ¿ha recabado todos los datos necesarios para hacer posteriores seguimientos?, ¿ha entregado información sobre su producto o servicio que los clientes puedan estudiar después? ¡Excelente!, porque llegar a tener frente a usted una gran cantidad de posibles clientes para su empresa no es una tarea tan compleja como muchos pueden imaginar.

Puede ser difícil pensar en una situación como ésa cuando uno está frente a un escritorio todos los días, pero quienes han aprendido que al cliente hay que salir a buscarlo saben que encontrar enormes grupos de potenciales compradores no es imposible y hay que estar preparado.

Venta tradicional frente a venta IDEAL

Si su tribu son empresarios, profesores, secretarias, amas de casa o personas mayores, usted puede tener claro dónde encontrarlos de forma individual y hará todos los esfuerzos necesarios para contactar con ellos personalmente. El contacto directo con las personas sigue siendo la mejor forma de hacer negocios. A pesar de toda la tecnología de la comunicación de que disponemos hoy en día, el mirarse a la cara, el apretón de manos y la confianza que produce conocer a quien nos vende siguen siendo experiencias necesarias, incluso, nos atrevemos a decir, más necesarias que nunca.

Por esta razón todas las empresas, bancos, compañías de seguros, instituciones de beneficencia, universidades, peluqueros, transportistas, compañías de todos los tamaños y de todos los ámbitos mantienen dotaciones de personal de ventas e invierten grandes sumas en capacitarlos y motivarlos.

No importa en qué sector esté, no importa si produce acero o produce ideas. No importa si tiene fines de lucro o si apoya una causa social. Todos, absolutamente todos, necesitamos que alguien haga algo por nosotros, que alguien realice una acción que beneficie a esa persona y a nuestra institución. Eso es vender: convencer a alguien de que adquiera nuestro producto, que contrate nuestro servicio, que apoye nuestra causa, que sea nuestro socio, que haga donaciones, que visite nuestra ciudad y que cree fuentes laborales. Siempre estamos vendiendo algo, y para ello aún no se ha inventado nada mejor que el contacto directo con el cliente. Sin embargo, uno de los problemas que representa este tipo de venta es el tiempo.

Por eso, insistimos, las ventajas son pasajeras y efímeras. Creamos un concepto único de producto o servicio, pero tenemos que ser rápidos, sumamente rápidos, para comunicar el concepto y venderlo. Lo que hoy es nuevo y único, mañana o pasado mañana no lo será. Todos los conceptos, todas las empresas, todos los conocimientos, hoy en día tienen fecha de caducidad y son perecederos. Usted no puede esperar lo que antes llamaban el período de maduración, porque en cualquier parte habrá otro competidor observándolo, y si lo que usted ha creado es realmente bueno, tenga por seguro que será copiado. En la nueva cultura del «copiar y pegar», gana quien vende más rápido, es decir, quien llega más rápido a la mayor cantidad de consumidores.

En el mundo de la supereficiencia, el sueño dorado de todo empresario debe ser, como en el juego de los bolos, derribar el máximo número de bolos de un solo golpe.

En ese sentido, una empresa EDI no puede renunciar a su principio básico: crear rendimientos excepcionales con los mínimos recursos. Esto que es válido para todos los procesos, es especialmente necesario en la venta.

Para crear un gran impacto, debemos buscar o crear las formas de reunirnos con grupos importantes de potenciales clientes. Como decíamos, ir donde ellos están, atraerlos hacia nosotros o reunirnos en un lugar neutral.

Convierta a sus vendedores en
PRODUCTORES DE EVENTOS

Son muchos los beneficios que se logran reuniendo en un lugar a grandes cantidades de clientes, porque de esta manera usted puede vender a distintos niveles, ya sea informando, presentando, recordando, fidelizando o, concretamente, realizando la transacción. Pero todo ello de una forma poderosa, con una gran economía de recursos y de tiempo.

De hecho, ésta ha sido la clave del éxito de las ferias, exposiciones, exhibiciones o convenciones. Estas actividades permiten tener reunida en un mismo lugar y durante un tiempo determinado a una masa importante de miembros de una tribu, que han sido atraídos por una temática de su interés.

Reunidas y atentas, gracias al ambiente que se genera en estos eventos, puesto que todo gira en torno a un tema, las personas están abiertas a recibir información, a conocer e, incluso, a comprar en ese mismo lugar productos y servicios que están relacionados con aquello que les motivó a asistir a ese encuentro.

Pero no siempre hay una feria o un encuentro que reúna a nuestros potenciales clientes. Incluso, puede que en el sector donde desarrolle su actividad nunca se organice este tipo de encuentros. También puede suceder que usted no tenga los recursos necesarios para invertir en la participación de estos eventos.

Si es así, no se preocupe. Usted puede generar la necesidad de reunión de su tribu organizando pequeños eventos relacionados con las motivaciones de sus clientes. Esto no significa planear encuentros masivos (aun cuando sería lo ideal). Con un poco de experiencia, su fuerza de ventas podría convertirse en productores de eventos que reunieran a diez, veinte, cien o el número de clientes que usted estime conveniente.

Existen grandes empresas como Tupperware, Marie Kay y muchas otras que deben su éxito a estrategias de este tipo. Eventos que, incluso, se realizan en hogares y que cuentan con la presencia de unas cuantas personas.

No importa la cantidad, importa el concepto: lograr el contacto con más de una persona a la vez.

Su conocimiento de las motivaciones de la tribu le dará las claves que pueden lograr atraer a sus reuniones a esos potenciales clientes.

Si sus productos o servicios están enfocados en niños, organice actividades para ellos, sus padres o profesores. Si está enfocado en los estudiantes universitarios, revise sus motivaciones y planee algún acto donde pueda contactar con ellos, difundir sus productos y, en el mejor de los casos, vender directamente.

El secreto es continuar realizando combinaciones transgresoras, asociaciones que van más allá de su producto, conceptos creados a partir de las cosas que emocionan, divierten o interesan a los miembros de su tribu.

¿Clases de cocina japonesa para vender seguros de vida? Transgresor, pero efectivo. Ya hay importantes empresas que, alejándose un poco de su producto y acercándose a las motivaciones de los clientes, logran lo más importante: crear relaciones, encantar al cliente y hacer que compre.

Usted debería ver a cada vendedor de su empresa como un productor de eventos que, además de optimizar su tiempo, logre encantar a sus potenciales clientes. No basta con formar a sus vendedores sobre las bondades de sus servicios, es necesario que entiendan y practiquen la empatía y le ayuden a crear las mejores formas de tener la mayor cantidad de fans entusiastas de su empresa.

No venda: haga que su cliente compre

Este tipo de estrategia rinde excelentes resultados por la sencilla razón de que la mejor situación para un vendedor no es vender, sino que el cliente decida comprar.

Eso ocurre cuando el cliente tiene la posibilidad de observar un producto o servicio sin la presión de tener que decidir una compra. Un estado emocional y anímico positivo hace que el cliente abra sus sentidos y esté más dispuesto a considerar hacer negocios con nosotros.

Es difícil ir contra las motivaciones de los clientes. Por ello es mejor exponer ante ellos nuestros beneficios con la mayor sutileza posible.

El destacado escritor Peter Drucker dijo que el verdadero marketing logra que la venta sea algo superfluo. El marketing efectivo es el que consigue que el producto o servicio se venda por sí mismo.

Siguiendo esta lógica, cuando la mayoría de nosotros decidimos comprar un automóvil, hemos tomado esa decisión mucho antes de visitar un concesionario. Hemos tomado la decisión observando la variedad de modelos que hemos visto circulando en las calles y relacionando esa observación con nuestra capacidad de compra.

En el caso de la ropa, primero la vemos en el escaparate y nos imaginamos cómo nos quedaría. Luego, si entramos en la tienda para probarnos algo, la opinión del vendedor no influirá en nuestra decisión, el vendedor debe ser sólo un facilitador que nos permita experimentar con el producto y nos dé alguna información, pero nada más que eso. Mientras menos interfiera en nuestra observación, menor será la presión que sintamos y mayor será la probabilidad de que finalmente compremos.

Por esa razón, producir pequeños eventos que no tengan

necesariamente una relación directa con lo que vendemos, pero que permitan a nuestro potencial cliente tener una experiencia más cercana, aumenta las probabilidades de venta y genera en su mente una imagen positiva de nuestra empresa.

Siempre que cree una nueva propuesta de comercialización ejercite el Método EDI, pregúntese cuál sería la situación ideal y combine sus objetivos con las motivaciones de sus clientes para obtener los resultados que busca.

10

La empresa interior

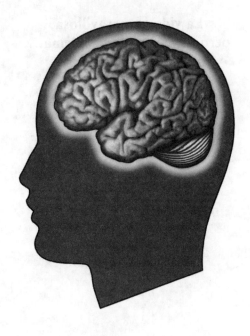

El negocio es usted

La vida es maravillosa,
pero tiene un solo problema…,
pasa demasiado deprisa

La preparación que usted ha tenido hasta este momento apunta al desarrollo de sus habilidades para crear o encontrar un espacio dentro del mercado, utilizar sus talentos o intereses para crear algo único, ser transgresor, innovador, empático para detectar o crear necesidades y construir su negocio, buscar la situación ideal, etc. Dicho de otra manera, técnicas y estrategias innovadoras para iniciar o hacer crecer su propia empresa.

Cuando asimile las técnicas y estrategias en los negocios de esta era y se encuentre cara a cara con la idea genial, la idea fuerza, sencilla, funcional e inteligente, es posible que su entusiasmo lo lleve al extremo de salir de su bañera y correr desnudo por la calle gritando eureka como hizo Arquímedes. En este momento se encontrará cara a cara con usted mismo. Quisiéramos ejemplificar sobre esto.

José, después de dos meses de haber terminado uno de nuestros cursos, en el que participó con mucho entusiasmo, y recibir su certificado como agente inmobiliario, nos escribió lo siguiente comentando una nota que publicamos: «Agradezco la información enviada, es buenísima... Sólo quiero comentar que después del curso no he tenido las fuerzas necesarias para iniciar mi negocio. Mi problema son mis temores y las personas cercanas que me rodean me desincentivan, pues me dicen que esa actividad está desprestigiada y es complicada, y que estoy mejor ahora en mi trabajo actual. ¿Qué debo hacer o qué puedo hacer? Estoy harto de recibir órdenes y no poder expresarme libremente porque podría poner en peligro mi trabajo. Detesto esta situación que limita tanto mi desarrollo personal y económico...»

¿Sabía José lo que tenía que hacer? Claro que sí, pero no era ése el problema, como él decía en su nota: «Mi problema son mis temores y las personas cercanas que me rodean me desincentivan».

Verónica, una alumna que había participado en uno de nuestros cursos de producción de eventos, nos telefoneó bastante angustiada para pedirnos consejo porque decía que se había dado cuenta de que iba a obtener muy pocos beneficios organizando su primer evento. El show, que otros productores de eventos ya estaban presentando con éxito en otras ciudades, estaba reuniendo a una audiencia de unas cinco mil personas que pagaban 8 dólares por la entrada. Verónica ya había conseguido un lugar para llevar a cabo el acto y contaba con la disponibilidad y el compromiso de los artistas que necesitaba, pero, según ella, precisaba nuestra asesoría para asegurar las cosas, generar más ingresos, más ventas y más patrocinadores.

Mientras nos explicaba las razones por las cuales el evento debía ser estudiado mejor antes de ponerse en marcha o postergado por la estrechez de los ingresos que de todos modos supondrían un beneficio de 1.500 dólares, algo no nos cuadraba.

Verónica había hecho mal las cuentas, cinco mil personas por 8 dólares son 40.000 dólares y no 4.000, como había calculado. Cuando le hicimos darse cuenta de ello, tras un breve silencio, nos dijo: «Voy a comprobarlo», y colgó. Lleva meses comprobándolo. La verdad es que no hay nada que comprobar. Se trata de un evento en el que está asegurada la asistencia de público, existe un compromiso por parte de los artistas y hay un lugar para realizarlo. El proyecto está detenido porque, aunque Verónica lo solucionó todo, tiene miedo y el miedo no le deja avanzar.

A eso nos referimos. Cuando todo esté solucionado, finalmente se encontrará consigo mismo.

Madurez de empresario

Definitivamente, lo que diferencia a un empresario de un empleado no emprendedor es su manera de pensar, de sentir y de actuar. Su manera de pensar, sentir y actuar refleja su nivel de madurez.

CULPAR

Dicho de otra manera, un empresario no puede tener la madurez de un niño al emprender o dirigir su empresa. El niño está orientado hacia el exterior y es un ser dependiente. Sabe que hay una persona que cuida de él, que tomará las decisiones por él, que hará o no lo que él debería hacer y que tiene la culpa de lo que le sucede. Esto se manifiesta en típicas expresiones infantiles como: «El profesor me tiene manía, él tiene la culpa», «Mi papá tuvo la culpa de lo que nos pasó», «Mi jefe, que me odia, tiene la culpa de que yo sea tan infeliz», «Mi esposa nunca me presta atención», «Los vendedores no hacen su trabajo, por eso nada funciona».

El estado emocional de dependencia no permitirá a un empresario contar con el mayor de todos los tesoros: la capacidad de cambiar. Mirar hacia dentro y escoger nos permite movernos y adaptarnos, observar qué debemos cambiar, qué no está funcionando en nosotros y qué nos detiene.

Recuerde que hoy no es el más grande el que se come al más pequeño, sino que es el más veloz el que se come al más lento.

Asumir nuestra responsabilidad significa darnos cuenta, escoger y aceptar. La adquisición de un nivel más elevado de madurez, la de un adulto, se manifiesta por la conciencia de la actitud anterior: «Después de todo, no era un jefe tan malo, tenía sus virtudes; más bien era yo el que siempre llegaba tarde o no cumplía con mis obligaciones»; «Tenía que haber renunciado y haber aceptado ese empleo en la otra empresa, donde tenía más probabilidades de promoción a pesar del riesgo»; «Tenía que haber prestado más atención a las necesidades de mi esposo o de mi esposa, después de todo el nuestro era un buen matrimonio»; «Era una buena carrera, debí haber usado mejor mi tiempo»; «Era un buen negocio, debí haber resistido un poco más».

La transición hacia un estado de madurez y de independencia se manifiesta por el «debí haber hecho…», asumiendo la falta de responsabilidad por hacer o dejar de hacer.

ASUMIR

La madurez de un adulto está orientada hacia su interior, nos permite reconocer que ya no hay nadie que haga o deje de hacer las cosas por nosotros. El signo más claro de este estado es la conciencia de que podemos escoger. Cualquiera que sea la situación en que nos encontremos, podemos escoger, traspasando la frontera del miedo o la pereza. Podemos escoger y, no sólo eso, lo que es más importante, sabemos que siempre seremos los responsables de los resultados. Pensar de esta manera le permitirá averiguar qué debe cambiar. Recuerde que el cambio es la única manera de mantenernos vigentes, y si usted siempre busca los errores y las fortalezas fuera, nunca podrá cambiar.

El emprendedor parte del estado de madurez llamado independencia para iniciar sus proyectos. No funciona en el estado de dependencia. La dependencia nos lleva a culpar, y la culpa a la frustración y el odio. Sin embargo, una vez situados en la independencia, debemos tender a desplazarnos a la sabiduría de las conexiones interdependientes.

COMBINAR

El tercer estado, la interdependencia, es la clave del gran crecimiento empresarial. Usted ya sabe cuáles son sus talentos y los desarrolla y potencia, ya sabe cuáles son sus defectos, y los conoce y controla; no ha perdido el tiempo concentrándose en ellos. Competir en el mercado basándose en sus defectos o carencias es como pedirle a un perro que compita nadando con un delfín; a pesar de que el perro nada, nadar no es su talento. Aunque seamos el perro más veloz del mundo, jamás ganaremos al más lento de los delfines en el agua.

Si siente que ha tocado techo, entonces es el momento de que busque otros talentos para crecer. Es el momento de decirle al delfín que sea nuestro socio en el agua, mientras nosotros nos desarrollamos al máximo en tierra firme.

El empresario más maduro entiende que la gran conquista es posible gracias al talento de todos y al conocimiento y control de los defectos y carencias de todos. Trabajar con muchos talentos también significa conocer y soportar las debilidades de cada uno. Un empresario maduro sabe mover las piezas del ajedrez de los talentos de tal forma que todos los que le rodean resulten beneficiados y nunca salgan perjudicados.

Sobre el control

Cuando trabajamos para otras personas, nuestra relación está formalizada generalmente por un contrato de trabajo, donde se indica a qué hora debemos comenzar nuestra jornada, cuándo debemos terminarla, a qué hora es el almuerzo, qué tareas nos corresponden y, algunas veces, hasta cómo hacerlas. El contrato, sin embargo, queda olvidado cuando nos integramos en la rutina de la empresa y adoptamos el comportamiento del resto de los empleados, haciendo cosas que no estaban en el contrato y que todos hacen o no hacen. Para muchos, se debe hacer lo que dice el contrato y no más, o también se puede hacer menos, pero nunca más de lo que en él aparece.

Desafortunada (o afortunadamente), un empresario, cuando inicia un negocio, no recibe ningún documento que le indique qué debe hacer, a qué hora, ni cómo. Un empresario está construyendo el futuro y el futuro siempre es inexistente. Por ello, un empresario está expuesto al fracaso o, dicho más positivamente, a la experiencia del ensayo-error. Todo debe ser finalmente probado, siempre hay una cuota de riesgo, nunca nos liberaremos de ese detalle.

Asumido esto, resulta muy importante entender que sobre lo único que tenemos control es sobre nuestra actitud en este momento exacto. No hay control completo sobre el futuro, no hay ningún control sobre el pasado. Aunque usted tenga una vida de éxitos pasados, nadie le asegura que eso seguirá siendo así. Tampoco tiene control sobre la situación actual, ya que ésta es el resultado de decisiones que tomó en el pasado. Sobre lo único que tiene control es sobre sus emociones en este segundo exacto. Usted puede cambiar su respiración y sentir de otra manera, puede ir a la raíz del sentimiento, buscando los pensamientos que lo provocan y cambian las imágenes positivas por negativas, o con la intención de transformar ese sentimiento. Puede autogenerar entusiasmo, puede paralizarse de miedo o dar un paso adelante y enfrentarse a él. Usted puede relajar sus hombros y cambiar, controlar sus emociones a través de sus pensamientos. Evidentemente no es sencillo. Sócrates dijo que la mayor conquista es la conquista sobre uno mismo.

Desafortunada o afortunadamente, un empresario, cuando inicia un negocio, no recibe ningún documento que le indique qué debe hacer, a qué hora, ni cómo.

Estimado amigo, tenemos el placer de informarle de que usted va a tener que aprender a controlar lo único que puede controlar: su actitud frente a la realidad actual, su actitud en cada segundo que ve pasar a gran velocidad, como las líneas del asfalto de una carretera cuando viajamos. Lo va a necesitar siempre que el juego ensayo-error dé error. No se preocupe, eso viene en el mismo paquete. Recuerde que como emprendedor usted no busca la felicidad, sino que disfruta de la vida cada segundo. La felicidad está dentro de usted en este mismo segundo, no en otro tiempo ni en otro lugar, ni con otras personas. Usted está escogiendo a cada segundo hacer lo que quiere, y ama lo que hace. Disfrute del juego, el riesgo es lo más entretenido...

Visualizar para controlar el engranaje

La importancia de la visualización para un emprendedor es clave. Sin embargo, como usted seguramente ya ha escuchado hablar de ello, ahora vamos a argumentar esta afirmación.

Todos nosotros funcionamos basándonos en tres procesadores ordenados de la siguiente forma: el procesador intelectual, el procesador emocional y el procesador motriz. De esta manera, frente a un estímulo, el primer procesador (intelectual) se pone en marcha y traduce todo a imágenes. Esas imágenes son positivas o negativas y, de acuerdo con eso, se provocan los sentimientos que en definitiva generan la acción. Cuando esto sucede, usted está ante un nuevo estímulo que es re-procesado y reafirma la imagen despejando la bruma y haciéndola cada vez más nítida.

Ejemplo: usted recibe una llamada del gerente general pidiéndole que suba a su oficina urgentemente (estímulo). De inmediato procesa esa petición a la velocidad de la luz y la convierte en una imagen en la que ve a su jefe llamándole la atención. Eso provoca un sentimiento que se traduce en una reacción física como la aceleración del ritmo en los latidos del corazón, acompañada de la frase «Me va a llamar la atención» (aunque sepa que no existe ninguna razón para que eso suceda), la cual constituye un estímulo mucho más importante que la llamada de su jefe, ya que, esta vez, el estímulo proviene de usted mismo. Es decir, la persona que es más importante para usted (usted mismo) le está diciendo que le van a llamar la atención. Procesa nuevamente esto y su mente proyecta una imagen donde se ve despedido de la empresa. Siente entonces un ligero dolor de estómago y nota que le tiemblan las piernas, mientras comienza a subir rápidamente la escalera hacia su fatal destino.

Todos nosotros funcionamos basándonos en tres procesadores ordenados de la siguiente forma: el procesador intelectual, el procesador emocional y el procesador motriz.

Mientras sube por las escaleras, usted comienza a verse en paro y sin recibir ingresos desde hace tres meses. Más emociones, más reacciones físicas, más estímulos nuevos y más imágenes negativas.

Se toma unos minutos, paralizado por el miedo. Finalmente, al acercarse a la puerta del despacho del gerente, oye que está gritando a alguien por teléfono y que parece muy enfurecido (más estímulos, más imágenes, más emociones, más reacciones). La secretaria le mira preocupada (más estímulos...) y le dice «Pase rápido». Usted entra y el gerente grita «Esto no se va a quedar así», y cuelga el teléfono. A estas alturas usted está a punto de tener un infarto. No podrá encontrar trabajo durante los próximos cincuenta años porque ese hombre, tan influyente, se encargará de hablar a sus amigos para que nadie le contrate. En ese momento ya siente que le odia y está pensando que deberá salir del país, con todo lo que eso implica. Tal vez su matrimonio se derrumbe y... Su mente sigue trabajando a la velocidad de la luz, creando imágenes, provocando emociones y reacciones, tantas que ya está listo para defenderse, está enfurecido y dispuesto a pelear... «Aunque si le pego, me puede demandar, y entonces puede que acabe preso...» Finalmente, usted dice: «Creo soy un buen trabajador para esta empresa...». Su jefe le interrumpe: «Mi querido amigo, lo sé... Sé que es un excelente abogado y necesito su ayuda. Estoy en un aprieto y necesito contar con sus servicios en algo muy sencillo. Evidentemente le pagaré aparte y bien. No me gusta mezclar el trabajo con las cosas personales. A pesar de que nunca hemos hablado, tengo muy buenas recomendaciones suyas...» Nuevo estímulo, nuevas imágenes, nuevos sentimientos y nuevas reacciones.

Este ejemplo tiene muchas claves que es importante analizar. La más obvia es que las personas actuamos movidas por nuestras emociones, lo segundo es que las emociones son el resultado de las imágenes negativas o positivas que el pensamiento crea de una realidad llamada estímulo, y lo tercero es que podemos intervenir favorablemente en este proceso.

PRIMERA INTERVENCIÓN

Todo lo que usted dice o deja de decir, todo lo que usted hace o deja de hacer y es contrario a sus emociones detiene el proceso de reforzamiento de las imágenes negativas y positivas.

SEGUNDA INTERVENCIÓN

Debe identificar todas las imágenes que aparezcan en su memoria como positivas o negativas y reemplazar las negativas por positivas. Esto significa pensar en positivo: cuando usted busca las imágenes en el proceso del pensamiento, fuerza la aparición de las positivas, y borra las negativas. Dicho de otra manera, la pregunta que debemos hacernos es: «¿Cómo este estímulo puede producir en mí imágenes positivas?» Esto provocará sentimientos positivos y acciones positivas, y el círculo se retroalimentará con estímulos positivos. Ésta es la magia del pensamiento positivo.

TERCERA INTERVENCIÓN

Para obtener imágenes, sentimientos y acciones positivas, evidentemente resulta más cuerdo ir a la raíz del ciclo, creando nuestros propios estímulos. Uno de los estímulos que usted mismo puede crear tiene que ver también con el proceso de visualización.

El permanente proceso de visualización abarca desde lo más general a lo particular, o sea, desde las fantasías, pasando por los sueños, hasta llegar a las realidades.

Cuando usted está atento a provocar fantasías, éstas se van a traducir en imágenes en su mente que, aunque borrosas, quedarán inventariadas y provocarán una emoción que le puede, incluso, llevar a la acción. En la medida en que su inventario de fantasías aumente, eventualmente, gracias a algún estímulo, alguna imagen empezará a volverse más nítida, comenzará a despejarse la niebla y la fantasía poco a poco se transformará en un sueño (al hablar de un sueño nos referimos a una «ex fantasía» con un plan de acción real para conseguirla). Ese sueño, gracias a un plan de acción concreto (estímulo), aclarará las imágenes y hará que cada vez sean más poderosas. Las imágenes positivas afectarán a sus emociones y, finalmente, gracias a este poderoso combustible, usted se sentirá impelido a hacer lo que tiene que hacer para que las cosas sucedan, para que el sueño se concrete.

Sin fantasías no hay sueños, sin sueños no hay planes de acción, sin planes de acción no hay creencia, sin creencia no hay emoción, sin emoción no hay movimiento, y sin movimiento no sucede nada. Al menos, nada de lo que nosotros se supone que queremos que pase.

Toda esta maquinaria se pone en marcha gracias a una decisión: decidir visualizar. Visualizar significa trabajar en parecer. Usted parece un emprendedor. Camina más rápidamente que el resto de la gente porque, de pronto, la emoción que siente le genera entusiasmo. Respira al ritmo de la victoria. Todavía no ha sucedido nada realmente, pero pronto ocurrirá... Y es que el resultado de trabajar en parecer es que finalmente se llega a ser.

Comienzan, entonces, a cobrar sentido frases que usted ya ha escuchado y que para muchos son verborrea positiva, como «Querer es poder», o la tan conocida «Tanto los que piensan que pueden como los que piensan que no pueden tienen razón». En particular esta última plantea un principio fundamental a la hora de emprender algo. Simplemente porque una persona piensa que no puede hacer algo, no hace nada, no da el primer paso, no hace la llamada telefónica, no comunica su pensamiento, no averigua. El que piensa que puede hacerlo da el primer paso, entra en el juego y descubre las piezas. Si es obstinado, finalmente vence.

Esta frase sólo nos muestra esa verdad, la verdad del primer paso.

La pereza

Conocer la secuencia de nuestros procesadores y tomar conciencia sobre cómo funcionamos nos aporta las herramientas necesarias para controlar a los grandes enemigos que nos impiden emprender acciones, que ahogan las buenas ideas y no dejan crecer la semilla del cambio. Se trata de la pereza y el miedo.

El dolor de la pereza

Cuenta una historia que una vez un hombre se detuvo a poner combustible en una gasolinera y cuando bajó de su automóvil escuchó a un perro aullar. Como llevaba conduciendo toda la mañana, decidió almorzar en la misma gasolinera, donde había deliciosas alternativas. Mientras su familia se acomodaba, la más pequeña preguntó si no oían aullar a un perro. «Por supuesto que sí —dijo su padre—, lo estoy escuchando desde que llegamos, algo debe haberle pasado.» Transcurridas un par de horas, el hombre y su familia se preparan para marcharse, pero antes él pregunta a uno de los encargados sobre el perro que no había dejado de aullar desde hacía ya dos horas. El encargado le dijo: «Ése es

Pirata, la mascota del local. No se preocupe, señor, lleva cuatro años aullando día y noche». El hombre, asombrado, le preguntó cómo era posible que llevara tanto tiempo sufriendo y aullando.: «*Pirata* se sentó en un clavo hace cuatro años —explicó el dependiente—, hemos tratado de arrancarlo del clavo, pero cuando lo intentamos siente mucho dolor y muerde a cualquiera que esté cerca; así que aúlla y aúlla. No se preocupe, un día se aburrirá o encontrará una razón lo suficientemente fuerte para soportar el dolor de salir de donde está».

La pereza es como un barco que se suelta de su amarre y lentamente se aleja de la orilla. Sin darse cuenta, de pronto usted está a la deriva. Lentamente las personas van perdiendo sus expectativas, su estilo de vida ideal, alguna vez definido, y se van acostumbrando a lo que hay.

Muchas veces salir de la pereza es el resultado de la reacción a una crisis, de la pérdida del empleo, del término de una actividad o negocio, de lo insoportable que resulta su existencia, etc. Para muchos empresarios, el inicio de su empresa no estuvo precisamente marcado por un gran sueño altruista con nobles fines que aportar a la humanidad y al desarrollo de nuestra sociedad. Más bien, emprender su actividad empresarial, más que la consecuencia de un sueño, fue la consecuencia de una pesadilla. Por consiguiente, si usted tiene una pesadilla, déle valor y conviértala en la motivación inicial para «desclavarse» y dejar de quejarse.

No hay tiempo que perder

En nuestras clases hemos incorporado un pequeño taller que tiene la finalidad de que nuestros alumnos tomen conciencia del tiempo que desperdician. En el taller el alumno debe escribir en una hoja las tres metas más importantes de su vida, no sólo profesionales, sino afectivas, sociales, filantrópicas, etc. Tras cinco minutos en que, con mucho esfuerzo, las personas llegan a escribir tres supuestas razones por las que consumen parte del oxígeno de esta tierra. Enseguida se les pide que en diez minutos hagan una lista de todo lo que hicieron el día anterior. Después de la típica pregunta «¿Hasta qué hora de la noche?», comenzamos a enfrentarlos a su realidad. El paso final consiste en identificar con una cruz las actividades del día anterior que hayan tenido una estrecha relación con el logro de sus metas y objetivos de vida. No es sorprendente ver que las marcas no son más de dos o tres, frente a la lista de veinte o treinta actividades.

A veces hay alumnos que destacan por haber hecho una cantidad razonable de cosas que sí influirán en el logro de sus propósitos en la vida. Lo curioso es que por lo general en todos los grupos, al iniciar el ejercicio, los alumnos dicen ser personas muy ocupadas que no disponen de mucho tiempo.

La única verdad del día de ayer fue nuestra lista de actividades diarias y la posible verdad de mañana, para muchas personas organizadas, será la lista de actividades que escriban al término de la jornada de hoy. Suele suceder que esa lista nunca se cumple por completo, gracias a la ley de Parkinson, que afirma que «El trabajo se expande hasta llenar el tiempo disponible para que se termine». Ésta es la razón por la que usted nunca termina lo que se propuso hacer en el día. A esto súmele el gran legado del señor Murphy, que nos explica que si algo puede ir mal, irá; que si muchas cosas malas pueden pasar, la que cause más estragos será la primera que suceda; no sirve de nada cambiarse de carril en un embotellamiento, porque siempre los del otro carril avanzarán más rápido; la probabilidad de que un pan con mermelada caiga boca abajo sobre la alfombra es directamente proporcional al valor de la alfombra, etc.

No quisiéramos ahondar en los múltiples factores que nos hacen perder el tiempo, como nuestra incapacidad de decir que no, el postergar las cosas pendientes para pasado mañana, dar excusas, el perfeccionismo que nos lleva a no hacer nada, etc. Si usted toma conciencia y comienza a desmenuzar la realidad del tiempo, se dará cuenta de que éste es su bien más escaso y nunca se recupera. Y ya hay demasiados factores que nos fuerzan a no utilizar todo el tiempo en hacer lo que realmente queremos.

Si usted se considera una persona perezosa que está desperdiciando su tiempo, entenderá que su problema ni siquiera se soluciona con ponerse en marcha y actuar. Ahora se enfrenta a la difícil tarea de estar ocupado y, a pesar de eso, no desperdiciar el tiempo haciendo lo que a usted le gusta (no hacer nada) y empezar a disfrutar y a amar lo que hace. El tiempo es la vida y si usted desperdicia el tiempo, desperdicia la vida.

Si usted está entrampado en la pereza y alejado del concepto del aprovechamiento del tiempo, ¿no cree que es hora de comenzar a preocuparse más por lo que debe hacer con el tiempo que se le concede? Esperamos que su respuesta sea «no». La respuesta correcta es que usted no debe preocuparse, debe ocuparse. La preocupación supone un estado pasivo, la ocupación es actividad. Arriba entonces, ocúpese en tomar las riendas de su vida.

Los disfraces de la pereza

Como la pereza es nuestra enemiga, y es muy peligrosa, hace lo que un buen contrincante hace, se esconde para no ser notada, actúa en las sombras. Muchos de los disfraces que utiliza son tan cotidianos y socialmente aceptados que nos pasan inadvertidos.

POSTERGAR

Es uno de los más comunes: encontrar cualquier razón para hacer pasado mañana lo que debemos comenzar ¡ya! La idea es que tengamos ahora tiempo para la pereza. Recuerde que su mente viaja a la velocidad de la luz y pasado mañana es un concepto. No es una fecha real, es un supuesto que nos indica que en dos días más las condiciones serán las ideales y tendremos la energía y el entusiasmo para comenzar. Tengo una mala noticia: si usted está esperando a que se den las condiciones ideales para hacer algo, está basando su vida en una irrealidad, porque hasta el día más ideal de su vida ha tenido algún momento que no fue precisamente ideal y no estaba planificado. Póngase de pie y «desclávese». O, como dijo Theodore Roosevelt:

> **Haz lo que puedas**
> **con lo que tengas**
> **estés donde estés.**

LAS BUENAS INTENCIONES

Son un excelente disfraz de la pereza. Decir y nunca hacer, nos recuerda al borracho que, después de cada borrachera, hace una declaración de sus buenas intenciones y afirma que es el momento de dejar de beber.

Probablemente usted se ha topado con personas que siempre están hablando de proyectos, de nuevos negocios, de ideas fantásticas de lo que van a hacer. Pero pasa el tiempo y nunca hacen nada. Si tuviéramos que calificar a estas personas de alguna manera, la palabra más adecuada sería «charlatanas». Probablemente, usted ha escuchado decir alguna vez sobre alguien: «Sí, ten cuidado con él, porque habla mucho y hace poco» o «De éste hay que creer la mitad de lo que dice». Es triste darnos cuenta de que en ocasiones esos comentarios se refieren a nosotros mismos.

Recuerde que un principio básico del emprendedor es que las cosas se crean dos veces, primero en su mente y luego en la realidad. Primero usted crea las imágenes, las ve y disfruta, luego las convierte en realidad. Si analiza todo lo que hay a su alrededor, se dará cuenta de que es el resultado del sueño de una persona que alguna vez fue una fantasía. Esa persona, finalmente, hizo la segunda creación que es llevar a cabo este libro, su reloj, su ropa, el lugar donde está ahora. Hasta en el cielo existen cientos de satélites, precisamente ahora, que lo están observando. Alguien un día los creó en su «máquina mental de fotografías» y luego los transfirió al plano de la realidad. El problema de muchos de nosotros es que tenemos una mente obesa de tanto imaginar, proyectar, contar o, en el caso de un perezoso, de nada. No hacemos nada. Recuerde que, aunque suene obvio, un emprendedor se caracteriza porque emprende. Es decir, hace la segunda creación como consecuencia de tener buenas intenciones.

EL AUTOENGAÑO

Es otro escondite de la pereza. Cuando yo me propongo algo lo hago, es cosa de que de verdad me lo proponga. La alarma debe comenzar a sonar cuando usted nunca hace nada. No se quede tranquilo diciendo que en cuanto lo decida lo hará. El tiempo es la vida.

EL PERFECCIONISMO

Disfrazado de señor maduro y responsable, nos dice: «Si vale la pena hacerlo, hay que hacerlo bien, porque así soy yo». Si algo vale la pena hacerlo, entonces hay que empezar, porque nadie empieza sabiendo. Todas las personas con gran experiencia, cuando comenzaron, no tenían ninguna experiencia. Un gran amigo, cuando empezó a dedicarse a dar conferencias, se quedó en un rincón del escenario ante veinte personas y repitió la lectura de sus transparencias con una voz temblorosa y entrecortada. Hoy dicta conferencias ante cientos de personas y se pasea con un desparpajo impresionante, cautivando e influyendo positivamente en la vida de todo aquel que va a escucharle.

11

El miedo

Cada uno de nosotros sabe lo que es el miedo
porque vivimos con él día a día, se manifiesta
en nuestra mente y nos hace paralizarnos
o correr sin parar, renunciar al negocio
o al amor de nuestras vidas.
Nos lleva a la inercia ante una decisión
y sabotea nuestros mayores anhelos.

**La valentía
es actuar aunque
el miedo nos consuma**

Temor a envejecer, a ser entrevistado, a morir, a cambiar de profesión, a hablar en público, a terminar o iniciar una relación, a conducir un coche, a jubilarse, a estar solo, a ser sincero, a ser rechazado, a fracasar, a tener éxito, a enfrentarse a alguien, a estar encerrado, a estar libre, a decirle a alguien te amo o ya no te amo, etc.

Cada uno de nosotros sabe lo que es el miedo, porque vivimos con él día a día. Se manifiesta en nuestra mente y nos hace paralizarnos o correr sin parar, renunciar al negocio o al amor de nuestras vidas. Nos lleva a la inercia ante una decisión y sabotea nuestros mayores anhelos. Sin duda, éste es el mayor enemigo del emprendedor.

Un análisis más profundo de este gigante nos revela la sustancia del problema: las personas sienten miedo de lo que no pueden manejar. Si usted supiera que puede manejar cualquier cosa que se le presente, ¿a qué podría temer? La respuesta es ¡a nada! Esto encierra una excelente noticia, ya que todo lo que tiene que hacer para disminuir sus temores es desarrollar más confianza en su capacidad para manejar cualquier situación que se le presente. La pregunta entonces es cómo podemos desarrollar esa capacidad.

La mejor forma de desarrollar nuestra capacidad para manejar el miedo es enfrentándonos a seis verdades:

1. UN GRAN PORCENTAJE DE NUESTROS MIEDOS SON INEXISTENTES

Son el resultado de nuestra imaginación. IMÁGENES que se han depositado en nuestro álbum de fotografías y que salen a flote, o imágenes negativas que nosotros mismo creamos y retroalimentamos con nuestra manera de actuar y, principalmente, de hablar. Lo ejemplificaremos de una forma exagerada para que quede claro. A veces, algunas personas, cuando se despiertan por la noche o antes de dormirse y se percatan de que tienen un pie destapado y que sobresale de la cama, comienzan a crear historias y a fabricar imágenes. Éste es el momento indicado para que un espectro de la oscuridad (Drácula, el Hombre Lobo o el Payaso Diabólico) entre en escena y lo tome por el pie o, lo que es peor, por el dedo gordo. En la medida que alimentan esas imágenes negativas, sienten más miedo, y éste les hace actuar de una manera determinada o los paraliza; es decir, provoca en ellos una reacción corporal. Por esta razón, esconden el pie bajo la colcha y se tapan hasta la cabeza.

Si discutimos como adultos esta situación, que es real para más personas de las que usted cree, llegaremos a la conclusión de que ninguno de esos personajes es real. Y aunque lo fueran, Drácula le mordería el cuello, el Hombre Lobo saltaría sobre usted y el Payaso Diabólico esperaría que se asomara bajo la cama. Es claro que ninguno de ellos se interesaría en los más mínimo por su dedo gordo del pie...

Muchos de nuestros miedos y ansiedades sólo están en nuestra imaginación y son el resultado de alimentar y retroalimentar imágenes negativas. Insistimos: elimine las imágenes negativas y busque en el futuro imágenes positivas. Eso disminuirá su miedo.

Dentro del curso para nuevos empresarios que impartimos, siempre hay algunas personas exageradamente ansiosas por saberlo todo y que quieren tener datos de todas las posibles situaciones a las que se pueden enfrentar. Siempre encuentran una nueva situación inexistente en que el cliente inexistente les pregunta «algo» inexistente sobre un producto inexistente en un negocio inexistente que van a realizar en un futuro inexistente. Nada es real, todo es producto de su imaginación o de la fabricación de imágenes negativas inexistentes que estimulan la emoción del miedo.

2. MIENTRAS PROGRESE EN LA VIDA, EL MIEDO NUNCA DESAPARECERÁ

Mientras siga corriendo nuevos riesgos para hacer realidad sus sueños, continuará sintiendo miedo. Así es que bienvenido sea el miedo. Es tiempo de aceptarlo, porque vivirá con nosotros el resto de nuestros días. El miedo es una buena señal para un emprendedor, representa la brújula que nos indica el norte del crecimiento. Por lo tanto, no debe esforzarse por deshacerse de él, porque nunca desaparecerá del todo. Lo que sucederá con el tiempo es que usted irá cambiando su relación con él. Ya no le obligará a detenerse, ya no tratará de evitarlo, se habrá convertido en su guía en el enorme bosque del mundo empresarial, donde una empresa exitosa es el resultado de un emprendedor exitoso y un emprendedor exitoso es el resultado de la ocupación que tiene él mismo por aprender, transferir y transformar.

3. EL MIEDO SE PUEDE ALEJAR, SÓLO HAY QUE HACER LO QUE NOS DA MIEDO

El «cuando ya no tenga miedo, ¡lo haré!» es la mayor trampa que puede tenderle su mente. Simplemente no funciona de esta manera. Esta frase propone que la disipación del miedo es anterior a la acción, cuando es exactamente lo contrario. El «hacerlo» viene antes de que el miedo se aleje.

Usted sentirá miedo cuando crea que no es capaz de superar un desafío. Desde luego usted puede esperar a ver aumentar su autoestima con los años, ganando en sabiduría, retroalimentándose con quienes ya han logrado lo que usted se propone, por un milagro, como muchas personas creen. Sin embargo, de la única forma que su autoestima crecerá, de forma rápida y segura, será «experimentando la satisfacción de vencer sus miedos por sí mismo enfrentándose al desafío». La cuarta verdad entonces es...

4. LA ÚNICA FORMA DE AUMENTAR SU AUTOESTIMA ES ACTUANDO

La actuación siempre precede a la sensación de sentirse mejor con uno mismo. Cuando usted hace que algo suceda, no sólo el temor a la situación desaparece, sino que recibe la gran recompensa de incrementar la confianza en sí mismo. La paradoja es que cuando finalmente domine algo y ya no le dé miedo hacerlo, se sentirá tan bien que decidirá que hay algo más allá afuera que desea lograr. ¿Y qué cree que sucederá entonces? ¡Exacto! El miedo aparecerá de nuevo, la brújula del miedo apuntará una vez más hacia el norte de su crecimiento personal, y una vez más, como siempre, habrá otra cumbre que escalar.

5. EL MIEDO ES PARTE DE NUESTRA NATURALEZA

Pregunte a las personas de su alrededor de qué sienten miedo y se llevará una sorpresa. Los miedos de las personas son abundantes y son muy comunes. Ninguno de nosotros somos muy originales a la hora de encontrar motivos que nos den miedo. Tal vez, el miedo más extremo es el miedo a sentir miedo. Sin embargo, resulta un gran alivio darnos cuenta de que esta sensación es propia del ser humano, viene incluida en la caja desde la fábrica.

Lo que hace diferente el miedo en las personas es la interpretación que le damos. A algunos los paraliza, es una luz roja que les indica que deben detenerse porque hay algún peligro. Para otros, el miedo es una luz verde que nos impele a avanzar y, más aún, nos señala el camino.

A estas alturas, usted se estará preguntando por qué es necesario experimentar miedo, ¿no es mejor, acaso, vivir sin tener que preocuparse de crecer y volver a sentir miedo? La respuesta corresponde a la última verdad, que es precisamente la más importante.

6. SI NO VENCE EL MIEDO, EL MIEDO LE VENCERÁ A USTED Y LO LLEVARÁ AL DOLOR

Lo cierto es que no hay situaciones estáticas. Usted avanza o retrocede, no hay puntos muertos. Esto sucede simplemente porque nadie puede vivir eternamente en un capullo protegido del mundo, en una burbuja impenetrable. Mientras menos situaciones controle usted, mayor será la angustia de saber que no puede valerse por sí solo allá afuera y que depende de otros para sobrevivir. Si no supera el miedo, éste se apoderará de usted hasta el punto de que habrá muchas situaciones en su vida sobre las que no tenga control y conformen una gran montaña de temores que lo mantendrán en un estado constante de angustia y desamparo. Se sentirá desamparado de la única persona que puede otorgarle poder. Usted estará desamparado de usted mismo o del poder que podría tener si se hubiese expuesto al fuego del miedo actuando.

El miedo es irrelevante

En conclusión, cuando usted ha entendido las verdades anteriores, el hecho de sentir miedo comienza a ser irrelevante.

Lo que sí empieza a ser importante es lo que usted hará con ese miedo. Ésa es la gran pregunta, eso es lo que importa ahora. ¿Usará usted la energía del miedo?

Suponemos que a estas alturas usted ya ha captado la idea. No podemos escapar del miedo, sólo podemos transformarlo en un compañero que va con nosotros en todas nuestras aventuras emocionales. Debe aprender a transformar el miedo en energía positiva, para que en lugar de ser un elemento paralizador sea la energía que le permita ser un emprendedor.

Recapitulando sobre este concepto, la aplicación de lo anterior nos trae como resultado final un constante crecimiento personal, que es la base del avance en su relación de pareja, en su trabajo, en los negocios, en sus emprendimientos y en cualquier actividad que se base en la capacidad de relacionarse y entender a los demás, gracias al conocimiento que tenemos de nosotros mismos.

Sobre los miedos empresariales podemos definir dos tipos: el miedo al fracaso y el miedo al éxito.

El miedo al fracaso

Definitivamente, el miedo al fracaso es una confusión de una parte del proceso natural del emprendimiento. Recuerde que usted está creando el futuro, no hay nadie que le diga lo que debe hacer. Lo que usted está a punto de emprender son combinaciones nunca antes realizadas. Nunca en la historia alguien único como usted, en un momento y lugar único, hizo ese emprendimiento. Siempre será único, incluso considerando un solo factor, como es el momento actual. No hay moldes para las cosas únicas, por lo que usted pasará por el proceso ensayo-error las veces que sea necesario.

En consecuencia, el fracaso es simplemente una parte del proceso en la que usted no se puede detener.

No interprete mal esta parte del proceso. Si algo no funciona, simplemente busque la manera de hacer que funcione. Si se cae, levántese cuantas veces sea necesario.

El miedo al éxito

Menos popular que el anterior, pero mucho más común. Este miedo nos hace retroceder ante las buenas oportunidades. Pensar que es demasiado para nosotros o que no vamos a rendir lo suficiente en la situación que se nos expone es el resultado de una baja autoestima. Su miedo al éxito se resuelve, entonces, aumentando su autoestima. Ya hemos hablado sobre la autoestima: superar el miedo con la acción es la mejor forma de aumentar nuestra autoestima. Una buena manera de conservar una autoestima alta es concentrarnos en dar el cien por cien ante cada emprendimiento. Dar el cien por cien le dejará a usted satisfecho aunque finalmente su proyecto no consiga grandes resultados. Recriminarse por no haber hecho todo lo necesario o por no haber aprovechado todas las oportunidades cuando pudo hacerlo perjudica a su autoestima mucho más y durante más tiempo.

Crecer en su ambiente

Si usted ha vivido la experiencia del poder tras vencer su miedo o vislumbra la lógica contenida en esta forma de pensar, si la alarma de sentirse y mostrarse ante los demás como una víctima le está ayudando a enfrentarse a sus miedos, entonces sentirá que «algo anda mal» con el resto de la gente. Dentro y fuera de su casa, empieza a darse cuenta de que algunas de las personas más importantes de su vida, quienes se supone deben apoyarle, quienes lo aman, no parecen estar de acuerdo con sus cambios, aun cuando su pasada personalidad fuera un desastre y su actual yo es mejor en muchos sentidos.

Muchos de nuestros miedos y ansiedades sólo están en nuestra imaginación y son el resultado de alimentar y retroalimentar imágenes negativas.

Lo que está sucediendo es que los demás se han acostumbrado a interactuar con usted de cierta manera, y cuando se rompe ese patrón de interacción, surgen molestias de diversos grados. Es decir, ahora usted no sólo tiene miedo de avanzar, sino que además debe correr el riesgo de perder sus relaciones. Justo cuando necesita que el estadio entero se pare para aplaudirle y animarle, se da cuenta de que está entre tropas enemigas.

Antes de hablar acerca de quienes más nos aman, eche un vistazo a la gente de su vida que le rodea y pregúntese: ¿le apoyan o le retienen en su crecimiento?, ¿se siente bien cuando está con ellos, o se siente «contaminado» por su negatividad?, ¿se emocionan con el nuevo usted que esta emergiendo o prefieren la compañía del que era antes? Si la última parte de las preguntas es cierta, tal vez, usted deba considerar cambiar el entorno que lo rodea. Recuerde que contar con el apoyo de gente fuerte, motivada y que le inspire le aportará muchísimo poder.

Si ahora está usted rodeado de gente que está constantemente deprimida, estancada y con una actitud negativa, no se preocupe. Eso pronto cambiará. Usted no necesitará cambiar todas sus amistades, irse del barrio, dejar su empleo o decir a cada una de las personas que le rodean que usted no seguirá en su compañía. Simplemente se moverá naturalmente hacia otro grupo de gente. Es más, lo más probable es que su entorno negativo se aleje de usted. Si el tema de conversación es una constante queja, entonces usted ya no tiene nada que decir. Si estamos reunidos para hacer reclamaciones, entonces sus comentarios ya no serán agradables. Si vamos a culpar a quien sea por los resultados, usted será expulsado del grupo cuando se le ocurra la brillante idea de decir: «Yo creo que nosotros somos culpables de nuestros resultados». Simplemente, usted será rechazado por el grupo. No se preocupe, la sociedad Llantos y Lamentos siempre estará ahí para darle una gran bienvenida si usted «vuelve» a ser «agradable»…

Pensemos ahora en quienes más queremos y que también nos quieren. Para ellos, éste es el momento de demostrar nuestro amor, yendo hacia adelante para provocar el cambio con paciencia.

La mejor forma de que alguien haga algo es dar el ejemplo, sobre todo a quienes usted más quiere. Tal vez los que le rodean no tienen el coraje, la resistencia o la fuerza necesaria para avanzar desde el dolor al poder. Necesitan a alguien a quien seguir, a alguien que les demuestre que es posible cambiar para, entonces, confiar. Porque ¿quién confía en alguien que sólo habla y nunca hace nada?

En una tribu hay curanderos, hombres sabios, ancianos, niños, mujeres y guerreros. Cuando hay que salir a luchar, quienes se pintan la cara y empuñan sus armas no son los niños, ni las mujeres, ni los ancianos más débiles, sino los guerreros. El guerrero ha sido entrenado para salir adelante a luchar, a pesar del miedo, y vencer por quienes más ama, por él, los suyos y su tribu. Probablemente, quienes más le quieren no estén muy contentos ni animosos de que arriesgue su vida, pero, finalmente, la tribu debe sobrevivir.

De manera que cuando diga que quiere volver a estudiar, conseguir un nuevo empleo o arriesgar algo para crecer, y se encuentre con que las personas que más le quieren le dicen: «¿No te estás arriesgando demasiado? Hay mucha competencia ahí, nunca lo lograrás. ¿Por qué no dejas las cosas como están?...», no olvide que usted es el guerrero y ellos son la tribu que le ama.

Usted también debe ser perspicaz y entender que, a pesar de todo el cariño que una persona pueda sentir por usted, en especial su pareja, también en el juego participan otros sentimientos negativos como la envidia, el temor al abandono o la humildad mal entendida. Le ayudará pensar que su pareja sólo desea lo que es mejor para usted y que, al final, aceptará los cambios que experimente.

Nuevos amigos

Tal vez la forma más clara de avanzar hacia el poder venciendo los miedos es rodearnos de personas que ya han construido puentes sobre aguas turbulentas y que han ido más allá de la desesperación y de la inercia.

Para usted resultará muy agradable poder guiar a la gente a un mejor lugar, pero también es cierto que es un alivio ser guiado por otros que pueden mostrarle el camino. Así la vida resultará más entretenida.

De la pasividad a la agresividad

El fenómeno más frecuente, cuando una persona ha tomado conciencia de que debe enfrentar el miedo con la acción y se ve limitada por quienes más le aman, es saltar de un estado de pasividad absoluto a un estado de agresividad.

Cuando sabemos lo que debemos hacer y nos encontramos con este insospechado obstáculo, podemos reaccionar de forma agresiva diciendo cosas como: «¡Cómo te atreves a cuestionarme otra vez! ¡No me importa lo que pienses, lo voy a hacer igual! ¡Estoy cansado de que seas tan cobarde! ¡No te necesito, nunca te necesité! ¿Me estás llamando egoísta? ¿Y que me dices de ti?»

Lo curioso de esta actitud es que de pronto, ante un fracaso o una nueva situación que nos exige enfrentarnos al miedo, nos paralizamos y nos vamos al otro extremo. Nos movemos como un péndulo, de escondernos en la caverna más profunda pasamos a gritar en la cumbre más alta y a desafiar al universo.

De estos extremos debemos movernos al centro, a una sana agresividad, un desafío interno expresado en la acción y el ejemplo para quienes nos rodean.

Lo más importante para usted es ser su mejor amigo. Haga lo que haga, no se critique ni se menosprecie. Poco a poco comience a descubrir cuál es el camino del corazón para usted. Quizá se sorprenda cuando sus seres queridos lleguen a entender y respetar eso. Si no, su nueva fuerza le permitirá romper los lazos enfermizos y formar otros nuevos y más sanos.

HACER EXPLOTAR

La acción es el centro de todo lo que hemos escrito, sin acción nada sucederá o, lo que es peor, sucederán cosas sobre las que no tendremos control. Si no decide por usted mismo, otro lo hará.

El círculo del hacer, del actuar, tiene al menos tres fases, y se inicia precisamente por la más obvia, que es dar el primer paso.

LA GUÍA DEL EMPRENDEDOR

DAR EL PRIMER PASO
Como ya hemos señalado, éste es el resultado de pensar que es posible. Recuerde que usted puede intervenir en el proceso del pensamiento. Después del primer paso viene la revisión del progreso; esto es, ensayo-error.

EL ENSAYO-ERROR
O revisión del progreso. Es la constante búsqueda de lo que sí funciona. Al parecer tenemos la tendencia a retirarnos en esta segunda etapa. Cuando el primer ensayo no funciona, nos sentimos derrotados y nos quedamos paralizados ante el error. Esto sería similar a ser mordidos por una víbora y salir corriendo tras ella insultándola y preguntándonos por qué a nosotros, por qué no ha mordido a otro, mientras el veneno se esparce por el cuerpo. El ensayo-error debe continuar. Cuando el resultado sea error, elimine lo que no funciona; saque el veneno de la víbora en cuanto le pique.

¿Quién le dijo a usted que no puede equivocarse?
Cuando el resultado del ensayo-error sea el éxito, siga haciendo y mejorando hasta un poco antes de que deje de funcionar. Entonces cambie.

CAMBIAR
La disposición al cambio debe constituir para usted una filosofía de vida. Puede cambiar cuando tiene conciencia de que el crecimiento es el resultado de abrir su mente.

La mente funciona como un paracaídas. Si no se abre, no funciona.

La disposición al cambio favorecerá en usted el desarrollo de una de las capacidades más básicas para sobrevivir: adaptarse. Adaptarse no significa hacer lo que todos hacen. Eso ya lo hemos hablado. Adaptarse es conocer la realidad del territorio para movernos con mayor velocidad que el resto. Lo más probable es que se sienta muchas veces solo. Eso es lo que le ocurrió a Beethoven, vivió injuriado y solo en la cima. Uno de los grandes críticos de su tiempo escribió sobre la *VII sinfonía*: «Las excentricidades de este genio han alcanzado el *non plus ultra*. Beethoven está listo para el manicomio». Afortunadamente estamos en otros tiempos, marcados por la velocidad al acceso de la información. En consecuencia, hoy los genios se pueden hacer famosos y ricos en unas semanas.

La disposición al cambio está estrechamente relacionada con el eslabón anterior, ya que cuando el ensayo-error da error es porque usted debe cambiar algo, el problema es suyo. No lo olvide nunca, y progresará más rápido y se hará más fuerte. Desde la búsqueda de un nuevo modelo de negocios que tenga mayor sentido, hasta un rasgo de su personalidad que no funcione, algo tan sencillo como llegar tarde.

Cuando a sir Edmund Hillary se le hizo un homenaje por ser el hombre que más veces había intentado conquistar el Everest, sin haberlo conseguido aún, expuso ante una gran audiencia su filosofía. Tras aparecer en medio de la concurrencia y detenerse en el centro de la sala, comenzó a gritarle a una fotografía gigante de la montaña: «Mientras estés ahí no vas a crecer ni un centímetro más, pero yo estoy creciendo todos los días y por eso te alcanzaré». Ésa fue la lección, todos tenemos esa capacidad de crecer, pero para crecer antes debemos cambiar, y para cambiar hay que experimentar el miedo que conlleva la acción.

El círculo de hacer, revisar el progreso y cambiar para luego comenzar de nuevo es persistente y continuo. Nunca debe detenerse. El círculo del hacer debe estar centrado en el parecer y en el ser.

LA EXPLOSIÓN

Este círculo continuo de persistencia en la búsqueda le llevará, tarde o temprano, a la explosión.

En algún momento usted tendrá suerte, o dicho de otra manera, la persona correcta en el lugar correcto y en el momento correcto hará explosión. Mientras más veces lo intente y persista en la búsqueda, más «suerte» tendrá. Fue así para el genio de la mecánica Honda.

Soichiro Honda empezó a cultivar su amor por la mecánica en el humilde taller de bicicletas de su padre. Después de instalar, a los treinta y un años, su propio taller, reconstruirlo tras un terremoto y volver a levantarlo después de la guerra, a los cuarenta años abrió Honda Technical Research Institute, que era una choza de madera, a pesar de su ampuloso nombre. Sólo cuando se presentó la oportunidad en el mercado se produjo realmente la explosión. Compró quinientos motores excedentes para accionar radios militares y los instaló en bicicletas de pedal como solución al problema de transporte básico en un Japón marcado por la guerra. El resto de la historia usted la ve en las calles todos los días o hasta la conduce.

TENER

Sobre los «tener», claramente existen dos grandes categorías. Todo lo material y lo inmaterial. En ambos casos, tener es la traducción material del servicio que entregamos a la sociedad, mientras mayor sea el servicio, más cosas tendrá usted.

SOBRE LO MATERIAL

Tal como usted sabe, la felicidad es el resultado de un estado interno, no externo. Bajo este concepto, la felicidad no depende precisamente de las cosas materiales, porque ellas mismas no tienen alma. En consecuencia, ellas ni siquiera son felices. ¿Quiere decir esto que no debemos tenerlas o que no valen nada? Definitivamente no, las cosas materiales sí tienen sentido. Sobre todo cuando están al servicio de una causa. Las cosas materiales te dan reconocimiento ante los demás y usted debe utilizar todas las cartas disponibles para conseguir su propósito.

Recuerde la historia de Oscar Schindler. Todo su prestigio, su reconocimiento, sus influencias, su poder de seducción empresarial y sus posesiones materiales se pusieron al servicio de una causa: salvar vidas. Más de mil familias fueron salvadas del holocausto.

Poseer cosas materiales comenzará a tener un profundo sentido cuando éstas estén al servicio de una causa.

SOBRE LO INMATERIAL

El «tener inmaterial» es el más importante. La felicidad, la conciencia, el amor y la compasión harán de usted una persona plena. Su mente, entrenada para conseguir lo que se proponga, es el tesoro más grande que existe. Cuando usted sabe cómo se hace, puede hacerlo cuando quiera, donde quiera y cuantas veces desee. Es como cuando aprendió a atarse los cordones de los zapatos; una vez que dominó la técnica, ya pudo atárselos en cualquier parte.

Tener, como usted se da cuenta, es un efecto. Tener no está reservado a quienes lo hereden ni a quienes lo hurten. El tener de un emprendedor es mucho más que las cosas materiales que se observan. Tener es la victoria al final del viaje. Para un emprendedor la felicidad esta aquí y ahora, mientras lucha por su causa o su gran propósito. Usted debe decidir cuál será, ésa es la parte más importante. El éxito es el camino recorrido. Al final lo espera la estación de llegada, para partir de nuevo en busca de otra aventura para seguir disfrutando.

Cada vez que parta nuevamente, será una persona más grande y con más poder que aportar a la sociedad. Estamos destinados a marcar una nueva era, la era del emprendimiento. Bienvenido, entonces, a la fila de los soñadores que hacen los cambios.

Con su decisión de emprender, muchas más personas de las que usted se imagina se beneficiarán. En definitiva, ésa es la gran causa, porque «al final, el amor que tendrás será igual al amor que diste...» Última frase de la última canción del último álbum de los Beatles.

Agradecimientos

A Ricardo Vlastelica, de Ediciones Urano Chile, por su creencia y apoyo. Gracias a él, este libro pudo viajar miles de kilómetros hasta encontrarse con el mejor equipo editorial que podría desear un autor.

A Joaquín Sabaté padre, Joaquín Sabaté hijo, Gregorio Vlastelica y Carlos Martínez, de Ediciones Urano España, por la calidez y generosidad con que acogieron este proyecto.

Visítenos en la web:

www.empresaactiva.com